产品管理与运营系列丛书

USER OPERATIONS METHODOLOGY
From Novice to Expert

用户运营方法论

入门、实战与进阶

汪雪飞 ◎著

图书在版编目（CIP）数据

用户运营方法论：入门、实战与进阶 / 汪雪飞著. -- 北京：机械工业出版社，2022.3（2024.6重印）
（产品管理与运营系列丛书）
ISBN 978-7-111-70375-4

I. ①用… Ⅱ. ①汪… Ⅲ. ①网络营销 Ⅳ. ① F713.365.2

中国版本图书馆 CIP 数据核字（2022）第 046024 号

用户运营方法论：入门、实战与进阶

出版发行：机械工业出版社（北京市西城区百万庄大街22号　邮政编码：100037）
责任编辑：罗词亮
责任校对：殷　虹
印　　刷：北京建宏印刷有限公司
版　　次：2024年6月第1版第2次印刷
开　　本：147mm×210mm　1/32
印　　张：9.5
书　　号：ISBN 978-7-111-70375-4
定　　价：99.00元

客服电话：(010) 88361066　88379833　68326294

版权所有·侵权必究
封底无防伪标均为盗版

前言

为什么要写本书

不知不觉中我已经进入互联网行业13年了。刚入行时,我从事的是运营工作,后续转型做产品,现在在管理产品团队。虽然工作职责有所变化,但从社区产品最鼎盛时期开始,我就一直深入用户群,去接近用户,了解用户,分析用户需求。可以说,得益于前期多年做用户运营的工作经历,我才对互联网产品有了多个角度的认识。

我目前就职于百度,担任搜索产品部阿拉丁产品(搜索特型产品)的经理,管理整个阿拉丁产品。百度是国内最大的搜索引擎,搜索产品是满足用户需求的核心,而阿拉丁产品更是需要准确判断用户需求。在加入百度之前,我分别在小米、猫扑、中华网就职,可以说见证了互联网产品从门户产品到社区产品再到移动互联网产品的时代变革。

互联网连接用户的形式一直在变,但互联网产品的本质没有变:更好地为用户连接信息与内容,从而服务用户。因此,我始终坚信，做好用户运营是一款服务型产品能赢得用户的关键一环。

我写作本书的初衷主要有以下三点。

第一，区分用户运营与用户增长。近几年随着用户增长概念的兴起，与增长、运营相关的图书随之增多，然而专门介绍用户运营及用户运营工作职责的图书并不多。大家想更系统地了解用户运营，但得到的知识往往只是其中某一环，因而认为用户运营等同于用户增长。

第二，系统介绍用户运营的工作职责与工作方法。关于内容运营等技巧性较强的运营工作，市面上已有比较全面的图书；而用户运营作为运营细分工作之一，也需要一本书来系统介绍。近些年加入互联网行业的人大幅增多，而运营作为门槛较低的互联网职业，其从业者的水平参差不齐。在以往的线下公开课中，我曾经分享了一些做用户运营的方法。然而课后我发现，有很多刚进入互联网行业或即将进入互联网行业的人并不了解互联网运营需要做什么，用户运营包括哪些工作内容，可以带来什么价值。

第三，将自己多年的用户运营经验进行沉淀与输出。无论是之前在猫扑，还是后来在小米，我所做的工作都是直接与用户进行沟通和交流，在具象化用户需求的判断和响应方面有着较为丰富的经验。而目前在百度，我不仅学到了多种与用户交流的手段，而且掌握了宏观的用户画像和数据。能了解、判断和满足用户需求是互联网产品获取用户的关键，因此我希望对自己所积累的这些经验进行沉淀与输出，与大家一起交流和探讨。

读者对象

本书适合以下人员阅读：初入互联网行业或转型到互联网行业，想要了解运营尤其是用户运营工作的人员，以及入行 1～3 年还无法系统认知用户运营工作职责并形成工作方法论的从业者。

本书特色

不同于围绕用户增长来讲增长方法的图书，本书从用户进入产品的全路径视角逐步展开，讲解用户运营在各个环节中的工作及相应的方法，并从工作职责角度全面介绍用户运营。

如何阅读本书

本书结合用户路径全面讲解用户运营在各个环节中的工作及相应的方法。全书共 9 章，主要内容如下。

第 1 章　全方位解读用户运营

要做好用户运营，首先需要全方位了解用户运营。本章主要介绍了用户运营的定义和职责、用户路径、优秀用户运营的 4 个特质，并探讨了如何正确认识用户运营与产品经理的关系。

第 2 章　做好用户画像

用户画像是用户运营开展工作的有力工具。本章主要介绍了用户运营与用户画像的关系，用户画像的 4 个价值、建立方法和流程，以及用户画像在运营中的应用。

第3章 用户成长体系

要做好精细化营销，用户分层是必不可少的一环，而用户体系是一套用于形成用户分层的规则。用户体系包括用户成长体系和用户管理体系。本章介绍用户成长体系的定义、价值和搭建方法。

第4章 用户管理体系

用户管理体系是用户体系的另一个重要的组成部分。本章主要介绍用户管理体系的定义、价值和搭建方法。

第5章 产品的生长周期

产品有生长周期，用户有生命周期。本章主要讲解产品生长周期曲线与用户生命周期曲线，以及产品在不同阶段的特征。掌握好本章内容是理解后续章节的前提。

第6章 用户拉新

用户拉新是用户运营介入用户路径的第一个环节。本章介绍新用户获取渠道、不同时期的拉新策略、通过数据分析选取渠道、获取新用户的另类方式——品牌营销，以及不同类型产品的拉新策略。

第7章 用户的转化与留存

在做好用户拉新之后，用户运营最重要的工作就是提升用户的转化率与留存率。本章首先结合AARRR模型来介绍不同运营阶段的用户运营目标与数据指标，然后介绍用户生命周期与用户价值、用户分层与转化的类型，最后介绍提升用户转化率与留存率过程中非常关键的一步——核心用户的挖掘。

第8章 用户流失预警与召回

延缓用户流失是提升用户价值的重要手段。本章首先从两个角度定义了用户是否流失，然后经过流失情况分析以及待流失用户与活跃用户的比对分析，总结了用户流失的三大原因及运营策略，最后介绍了延缓用户流失策略——用户成长体系的实际应用。

第9章　用户运营与用户心理学

贴近用户心理，才能更好地理解用户行为背后的意义，进而指导用户运营。本章首先从日常场景出发介绍用户心理的不同表现，接着介绍用户心理学的定义及13种常见的用户心理效应，然后给出了用户路径中不同环节的用户心理运用，最后介绍了用户传播的心理动力。

勘误和支持

由于作者的水平有限以及运营方法的不断迭代与更新，书中难免会出现一些错误或者不准确的地方，恳请读者批评指正。你可以在公众号"西二旗米米米"上直接留言与我沟通，我会定期回复。如果你有更多的宝贵意见，也欢迎发送邮件至邮箱mifeilin@qq.com。期待你的真挚反馈。

致谢

感谢桃李园的CEO类类在12年前带我入门并指导我展开运营工作，感谢盈学院二月的支持，感谢小美、NINI帮我整理和核对书稿，感谢家人的支持与理解。

感谢机械工业出版社的编辑杨福川和罗词亮。本书从计划到完稿历时较长，其间我反复修改，以尽力为读者呈现最有价值的内容，正是有他们的支持和认可才有了这本书的出版。

谨以此书献给所有运营人！

汪雪飞

2022 年 4 月

目录

前言

第 1 章 全方位解读用户运营　　1

1.1 运营的分类与用户运营的定义　　2
1.1.1 运营的 4 个类别　　3
1.1.2 用户运营的定义　　4
1.2 企业重视用户运营的原因　　5
1.3 用户运营的职责　　8
1.3.1 从用户路径看用户运营职责　　8
1.3.2 从用户类型看用户运营职责　　13
1.4 优秀用户运营的 4 个特质　　21
1.4.1 会沟通　　21
1.4.2 懂管理　　23

  1.4.3 能抽象 25

  1.4.4 懂数据 26

 1.5 正确认识用户运营与产品经理的关系 26

  1.5.1 正确理解产品定位 26

  1.5.2 和产品经理处在同一个行业视角 30

  1.5.3 用户运营驱动产品迭代 31

第 2 章　做好用户画像　　33

 2.1 什么是用户画像 34

  2.1.1 生活中的用户画像 34

  2.1.2 用户画像的定义 36

 2.2 用户运营和用户画像的关系 37

 2.3 用户画像的 4 个价值 38

 2.4 用户画像的建立方法和流程 46

  2.4.1 用户数据源类型 47

  2.4.2 用户数据建模 54

 2.5 用户画像在运营中的应用 55

第 3 章　用户成长体系　　60

 3.1 什么是用户成长体系 62

  3.1.1 用户成长体系的定义 62

  3.1.2 用户成长体系的 2 个要素 63

 3.2 用户成长体系的价值 68

  3.2.1 产品价值 68

  3.2.2 用户价值 70

 3.3 如何搭建用户成长体系 71

  3.3.1 用户成长体系的 4 个设计要点 71

  3.3.2 搭建用户成长体系的 5 个步骤 83

| 第 4 章 | 用户管理体系 86

 4.1 什么是用户管理体系 87

  4.1.1 用户管理等级体系 87

  4.1.2 用户管理模型的 3 个要点 88

 4.2 用户管理体系的价值 91

  4.2.1 用户价值 91

  4.2.2 产品价值 93

 4.3 如何搭建用户管理体系 95

  4.3.1 用户管理团队结构 95

  4.3.2 用户管理体系建立流程 97

  4.3.3 用户管理团队维护 101

| 第 5 章 | 产品的生长周期 105

 5.1 产品生长周期曲线与用户生命周期曲线 106

  5.1.1 产品生长周期曲线 108

  5.1.2 用户生命周期曲线 110

 5.2 产品在不同阶段的特征 112

第 6 章 用户拉新 124

6.1 新用户获取渠道 125
- 6.1.1 6 类固定渠道 126
- 6.1.2 5 类平台渠道 129
- 6.1.3 5 类专项渠道 132
- 6.1.4 6 类线下渠道 135

6.2 不同时期的拉新策略 138
- 6.2.1 探索期拉新策略 138
- 6.2.2 成长期拉新策略 142
- 6.2.3 成熟期拉新策略 145
- 6.2.4 衰减期的特点与案例 147

6.3 通过数据分析选取渠道 149

6.4 获取新用户的另类方式——品牌营销 154
- 6.4.1 品牌营销的优势与难点 155
- 6.4.2 品牌营销适用的产品周期 156
- 6.4.3 品牌营销的成功案例 157

6.5 不同类型产品的拉新策略解析 161

第 7 章 用户的转化与留存 163

7.1 AARRR 模型：用户运营目标与数据指标 164
- 7.1.1 获取用户及其数据指标 165
- 7.1.2 提高活跃度及其数据指标 166
- 7.1.3 提高留存率及其数据指标 168

7.1.4	获取收入及其数据指标	172
7.1.5	自传播及其数据指标	173

7.2　用户生命周期与用户价值　174
7.3　如何提升用户转化率与留存率　176
　　7.3.1　做好转化空间预估，衡量性价比　176
　　7.3.2　找到核心问题并进行问题拆解　178
7.4　用户分层与用户转化　190
　　7.4.1　用户分层的类型与方法　190
　　7.4.2　用户转化的阶段与提升方法　192
　　7.4.3　其他引导用户转化的常见模式　206
7.5　核心用户挖掘　210
　　7.5.1　核心用户的特征与类型　210
　　7.5.2　核心用户获取方法　213

第 8 章　用户流失预警与召回　219

8.1　延缓用户流失是提升用户价值的重要手段　220
8.2　2 个角度定义用户是否流失　222
　　8.2.1　用产品类型判断用户访问频次　223
　　8.2.2　用决策链路判断产品类型　224
8.3　4 个角度进行用户流失原因分析　226
8.4　活跃用户与待流失用户比对分析　230
8.5　用户流失的 3 个原因及运营策略　234
8.6　延缓用户流失策略——用户成长体系的实际应用　239

| 第9章 | 用户运营与用户心理学　　　　　　　　245

9.1　了解用户心理　　　　　　　　246
    9.1.1　不同场景下的用户心理表现　　　　246
    9.1.2　什么是用户心理学　　　　249
    9.1.3　用户心理的演变　　　　253
    9.1.4　用户运营为什么要研究用户心理学　　　　255

9.2　用户心理的落地应用　　　　　　　　260
    9.2.1　拉新环节用户心理运用　　　　260
    9.2.2　引导环节用户心理运用　　　　265
    9.2.3　转化环节用户心理运用　　　　268
    9.2.4　维护环节用户心理运用　　　　272
    9.2.5　召回环节用户心理运用　　　　276

9.3　用户传播的心理动力　　　　　　　　279
    9.3.1　从众心理案例分析　　　　282
    9.3.2　炫耀心理的不同层次　　　　287

第1章 CHAPTER 1
全方位解读用户运营

运营，顾名思义，是要完成一个产品或服务的正常运转和营销。在互联网发展迅猛的近十几年里，随着用户需求的不断迁移，运营这个岗位的角色也在不断变化。而用户运营虽然伴随运营概念而产生，已经存在了很久，但直到最近两年其重要性才随着用户增长的盛行而日益凸显。

在互联网发展的初期阶段，信息是匮乏的、单向的。用户需求难以拓展，企业基本只能利用互联网上已有的信息来满足用户需求。运营和编辑角色甚至没有完全分开，很多公司的商务、编辑、运营工作都由同一个员工承担。

后来，随着技术的进步和用户数据的积累，针对不同类型的用户需求，互联网产品进行了延展和升级。用户希望在互联网上获取信息，而信息有标准化和非标准化之分。标准化信息依赖渠道，非标准化信息依赖内容的稀缺性。在这个前提下，依据不同类型的用户需求与用户路径，运营岗位分出不同的种类。

如今，互联网已经由原来的管道模式升级成平台化模式，用户的需求也逐渐从信息向内容和服务转变。在平台化互联网产品中，用户不仅参与基于信息的互动，还完成了通过平台从内容消费者到内容生产者的转变。这些转变所带来的影响是变革性的，并使得运营的分类越来越精细，用户这一兼具生产者与消费者身份的角色也被单独拿出来研究，成为用户运营重点关注的对象。

1.1 运营的分类与用户运营的定义

互联网在变，用户需求在变，而运营的定义也在随之不断变化。公司根据用户需求开发产品并将其上线之后，需要一个岗位来连接用户和产品,即将产品介绍给有需求的用户,并将用户的需求再反馈给产品,从而促进用户和产品的融合,这个岗位就是运营。

最初运营的定义是模糊的,但近些年,运营已经与产品、技术等岗位一样,具备了清晰的职责定义。用户运营是运营体系中的一环。

1.1.1 运营的 4 个类别

有一种十分流行的说法,很多运营人员听过:技术造孩子,产品生孩子,运营养孩子。这句话虽然听起来很糙,还不一定准确,但里面暗含了不同岗位在产品诞生过程中发挥作用的顺序。

技术、产品、运营并不是合唱团,齐头并进向前冲,而更像戏台,你方唱罢我登场。新产品随着新的用户需求而来,在这个过程中,产品经理主要负责设计满足特定类型用户需求的产品,设计好之后交由技术人员实现。而在开发完成、产品上线之后,拉新、留存、促活、召回这些拉动用户的一系列工作就交由运营人员完成。

拉新、留存、促活、召回实际上分别是不同类型的运营的主要职责,根据这些职责,我将运营划分为以下 4 个类别,如图 1-1 所示。

- ❑ 渠道运营:整体的用户拉新主力,在有限的资源和预算下,最大限度地为产品带来新增用户。
- ❑ 内容运营:根据产品的不同类型搭建内容或服务体系,确保新增用户能够通过产品提供的内容或服务满足自己的需求,从而留住用户。
- ❑ 用户运营:需要了解用户画像,搭建用户体系,促进用户活跃,以及根据用户画像来最大限度地进行用户召回。

- **新媒体运营**：常被视为一种渠道，依托巨大规模的用户平台为自己的产品发声，吸引更多的用户关注并了解自己的产品，进行拉新和转化。

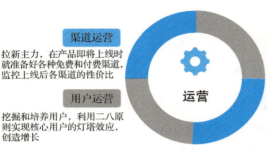

图 1-1 运营的 4 个类别

其中，渠道运营、内容运营、新媒体运营基本是运营团队的标配阵容。而即便用户运营的重要性日益凸显，在实际工作中，运营团队在对新产品划分运营工作时，往往也并不会指定专人来做用户运营。

很典型的场景是，上线一款新产品，听完产品规划之后，与运营团队沟通运营规划时，你问到谁是用户运营，运营团队负责人会面露难色。在他看来，用户运营产生收益和价值的周期太长，在人力有限的情况下，前期投入专人做用户运营不太划算。

1.1.2 用户运营的定义

之所以会出现这些现象，主要是因为目前对于用户运营，业内并没有一个广泛认可的明确定义。甚至企业在招聘时，同样的岗位描述有的用来招用户运营人员，有的却用来招其他的岗位。

百度百科的定义如下："用户运营指以用户为中心，遵循用户的需求设置运营活动与规则，制定运营战略与运营目标，严格控制实施过程与结果，以达到预先设置的运营目标与任务。"这个定义有些抽象，我的理解是，从用户出发，为了在不同的产品阶段引导用户不同程度地使用产品而展开的一系列运营工作统称为用户运营。

"从用户出发"是指所做的工作无论形式如何，最终目的都会落到用户身上。在产品的不同阶段，这些形式往往有着明显的变化和目标差异，且产品本身对用户参与程度的需求会有所变化。如果产品已经运营了一段时间，而大部分用户还处在对产品的初期使用阶段，这对产品的发展肯定是很不利的。

1.2 企业重视用户运营的原因

在传统企业都在努力互联网化的今天，互联网企业更加担忧自己的产品不能跟上用户的喜好变化。因为无论是传统企业还是互联网企业，用户总数几乎是恒定的，尤其是近几年，互联网用户增长红利逐渐衰退，产品越来越同质化且强依赖于渠道。这就导致错过时间窗又错过红利期的产品，不仅要在获取用户时就千挑万选，还要找到用户数之外的高价值增长点，比如用户时长。由此就可以推导出用户运营受到重视的 2 个主要原因。

原因 1：移动互联网用户增长放缓，获取用户的成本越来越高

中国互联网经历了两个时期：前期用户增长红利期和后期用户红利衰退期。从图 1-2 中可以看到，2006 ~ 2016 年，中国的网民规模从1亿飙升至7亿，互联网用户处于爆发式增长期。这个时期互联网产品随着网民数量的增加而自然增长。而2017～2020年，用户的增长明显放缓，用户普及率的增长维持在1%左右，其中2018～2019年的增长率甚至不足1%。

图1-2　2006～2020年中国网民规模变化

2020年6月，中国互联网用户已经超过9亿，在这样的形势下，早期依靠人口红利的用户自然增长无法复制，这也就是用户增长、用户运营被反复提及的原因之一。

放眼国内，一方面移动互联网用户增长在放缓，而另一方面行业巨头依靠时间窗带来的早期红利及其强势的用户需求入口，掌握了绝大部分的互联网用户，这就直接导致除非出现能够带来新增用户需求的产品和交互形式变革，否则新产品都将长期处于在夹缝中生存的状况。

这种艰难的状况主要归因于，即使行业巨头已经掌握了绝大部分用户，但是它们还是在积极地抢夺用户。这导致拉新用户的成本越来越高，这一点做渠道运营的人应该是非常有感触的。2013年的时候，渠道CPA（每行动成本）大约为1.5元一个用户，而如今，CPA为10元一个用户的渠道都能称得上是高性价比了。短短几年，单用户的激活成本翻了近6倍。

在这种环境下，用户的定向拉新和用户留存就非常重要了，企业的用户运营需求凸显。

原因2：对用户的争夺从用户活跃量延展到用户使用时长

随着用户规模增长的逐年放缓，互联网上的增量探索从用户规模转移到用户时长上。从图1-3可以看出，2016～2018年，虽然用户设备量增长迟缓，但用户使用移动互联网产品的时长增加却非常明显。主要原因是通信技术的升级。随着通信技术的升级，视频类、直播类产品的消费门槛降低，同时新颖的形式被越来越多的用户认可，消费内容载体的变化导致用户消费行为发生了变化，进而导致用户价值衡量方式也发生了变化。

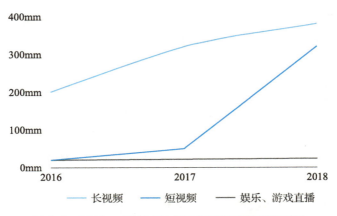

图1-3 2016~2018年中国日均移动互联网使用时长

数据来源:2019互联网女皇公开报告(mm表示百万,单位:小时)

高行业份额的用户规模就可以带来高商业价值,因此在用户数不变的情况下,由用户时长可以看出产品对用户的占有程度。行业内的份额比较已经从原来单维度的DAU(日活跃用户数)占比转变为用户在产品里的停留时长占比。这也是为什么近两年主流互联网产品越来越追求用户时长。

1.3 用户运营的职责

可以从用户路径和用户类型两方面来划分用户运营的工作职责。

1.3.1 从用户路径看用户运营职责

前面说到,根据各自目标方向的不同,运营可以分为渠道运营、内容运营、用户运营、新媒体运营等。通过用户进入一个互联网产品的路径,我们可以看到不同类型的运营的不同侧重点,以及用户运营在整个用户路径中的特殊性。

1. 不同职责的运营在用户路径中承担的主要角色

图 1-4 所示为一个典型的用户路径全流程。用户先是通过某种渠道得知一款产品,进而会根据对产品的需求下载、使用,而在使用的过程中需求能否得到满足直接决定了他下一步是留下消费、进行分享还是直接离开。

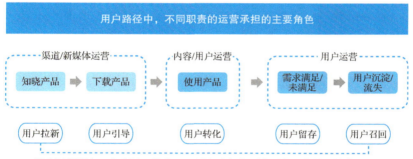

图 1-4　用户路径与运营职责划分

每个用户的行为会受到不同场景下体验反馈的影响,整个路径中会牵扯到各种可能的场景,不同场景下需要运营关注的点各不相同。换句话说,不同职能、不同角色的运营会根据用户所处的阶段而有自己的侧重点和目标,这也就是运营职责划分的主要依据。

第一步:用户拉新与引导(渠道运营与新媒体运营)

用户路径的第一步是用户知晓产品和下载产品(拉新与引

导),对于这一步,新媒体运营和渠道运营最有发言权了。拉新与引导的目标是在尽可能多的平台里让用户知晓一款产品,让潜在用户使用它。在拉新与引导阶段,渠道运营是主力先锋,新媒体运营也逐渐被当作一种拉新渠道,二者在拉新用户上相辅相成。

在拉新与引导这一环节,应用商店、硬件预装等属于已成规模且有固有流程的渠道。除此之外,越来越多的产品倾向于借助已有大规模用户的平台,通过新媒体运营在这类平台里寻找符合自己产品属性的垂直用户,然后去运营这些用户,这也逐渐成为拉新的重要手段之一。

专门针对一个新平台做新媒体运营需要耗费相当多的人力,然而很多互联网产品却不得不这么做,原因显而易见:用户增长难,拉新不只要看拉来的用户数量,还要看质量。所有的投入都是为了获得新用户转化率的提升。

第二步:用户转化(内容运营和用户运营)

内容运营影响着新用户在下载产品之后是否会使用产品、完成转化。在渠道和新媒体运营把用户拉过来之后,靠什么让用户留在产品里?内容和服务。之前互联网内容和服务相对集中,而随着互联网的发展,在越来越多的垂直领域出现了属于领域自己的内容和服务,通用的产品被不断切分。在这种大背景下,用户的选择越来越多。

在内容和服务集中于部分产品中的时期,只要产品体验足够好,用户就会来,这听起来合情合理,毕竟在满足核心需求的基础上产品体验的差异化非常重要。而如今各种用户需求被深度挖掘,互联网产品被越来越细分以满足用户需求,我们可以体会到,产品体验好用户就会来的时代已经过去了。产品体验是基础，它决定了用户会不会留下来，而不能决定用户来不来。毕竟在满足细分用户需求的垂直领域里，产品的体验都不差，交互层的体验提升只是加分项而不是决定成败项。用户使用产品，体验产品流畅的交互，最终追求的还是内容和服务，而细分的内容和服务带给用户的满足程度会更高。

举个例子，同样作为短视频新贵，抖音和快手在体验上能有多大差别？交互上或许有些区别，但本质上它们都是休闲娱乐型短视频平台。既然同样是短视频平台，用户从中选择的依据是什么？为什么来这里而不去那里？核心还是产品的不同用户属性和用户画像，以及不同属性的用户生产的不同类型的内容。

不同的内容会吸引不同类型的用户，新的内容会带来新的用户，而产品提供什么样的内容和服务，内容运营从中起到非常重要的作用。

短视频平台借助内容的差异来让用户选择平台，完成转化和留存，而商品就更需要通过内容运营来提高用户的转化率。同样的商品仅仅描述上有些区别，其最终的用户转化率可能会有天壤之别。仔细观察成单量高的商品你会发现，其详情描述都是内容丰富度极高且极具引导性的。

第三步：用户留存与召回（用户运营）

在用户消费完内容或服务之后，进一步促使用户沉淀下来并保持活跃就是用户运营关注的重点。用户被吸引到某产品之后，其需求可能会被产品的内容满足，也可能并没有被满足。用户的需求被满足，如何维系他们？用户的需求没有被满足，如何留住他们？用户已经流失，又该如何召回他们？这些都是关于用户沉淀和召回的问题。

2. 用户运营贯穿用户路径全流程

从用户路径可以看出，对于处于不同阶段的用户，运营的侧重点不同，其中用户运营更关注用户的沉淀和召回。然而，由于现在拉新和转化越来越难，成本逐年增高，用户运营其实参与了从拉新到引导、转化、留存、召回的全流程，见图1-4底部的虚线。

首先看拉新。传统的拉新环节由渠道运营主导。渠道运营通过全平台获取用户，其核算的标准主要是新增用户的性价比，即从哪里获取用户成本最低，其关注点是在特定的预算和资源下，能换来多少新增用户。但是除了用户数量，用户质量也很关键。从不同渠道通过不同方式来的用户，质量是不一样的，转化效率也不一样。如果用户运营不从开始时就参与渠道分析，后续的沉淀可能十分困难。从质量差的渠道来的新增用户甚至到不了转化这一步。

转化差的用户可能是因为受到奖励或标题的吸引而关注产品，如果试用产品之后需求没有得到满足，他们会立刻卸载、抛弃产品。

你在逛商场时是否有过这样的经历？线下推广人员热情地拉你参加活动，告诉你参加了会送你小礼品。你被礼品吸引，下载了产品，领取了礼品，之后看都没看一眼，扭头就把产品删掉了。

其实在这个场景里，线下渠道本身并不是质量差的渠道。商场是稳定的、大流量的线下渠道，确实能带来一定数量的新增用户，然而问题是，这些用户是产品的目标用户吗？没有用户运营来定向分析用户是否足够匹配产品，这就属于只关注了流量而没有根据用户画像做场景化运营，导致渠道转化差的问题。

而用户转化、用户留存不只是内容运营该关注的点。用户使用产品之后，他的需求可能被产品满足，但他一个月都不来了，这种属于浅层用户。如果产品在内容和服务上的差异没有大到让用户对产品产生忠诚度，那么应该如何提高用户的转化率并吸引用户持续使用产品呢？这就需要用户运营根据用户数据分析为内容运营提供不同的用户画像。

最后，在用户路径中的用户召回部分又需要用到用户运营。用户运营需要根据用户数据，分析出哪些用户可以召回，哪些用户应当放弃。参与用户模型的建立和分析能让用户运营的效率更高，这是用户运营应该了解并执行下去的工作。

对于处于不同阶段的用户，这几种运营都可以独自承担一个大的运营方向，但无论是哪一类运营，其核心目标都是扩大产品的用户量和提高用户的使用频次。用户越多，用户使用频次越高，使用场景越深入，产品价值就越高。因此从用户对产品的价值来看，说用户运营是运营的核心也并不为过。

1.3.2　从用户类型看用户运营职责

用户运营的职责贯穿用户路径的始终。按照面向用户的类型来划分，用户运营还可以分成 2C 的用户运营和 2B 的用户运营。

为什么要将用户运营分成 B 端和 C 端？这是因为，虽然用户运营的模型和套路都很类似，但是同样的运营方法对于不同的对象，效果是不一样的。

在做了 6 年 2C 的用户运营之后，我曾在 2014～2015 年涉猎过 2B 的用户运营工作。那两年正是 O2O 大火的时候，我所在的产品团队开发出了一套预订系统，其功能最初是通过呼叫模式定场馆，之后又延伸到酒店、KTV 系统，旨在提供一个用户提出需求、多方即时响应的新模式，从而更好地满足用户需求。这个模式特别像相亲节目《非诚勿扰》：一个用户发布需求，多家 B 端商户响应，让用户从响应的 B 端商户中选择一个最符合自己预期的。

我们当时认定这是一个新颖且有实际需求的模式，于是专门搭建了一支完整的团队。但是我在承接运营工作的时候，发现 B 端商户的基本诉求与 C 端用户是完全不一样的，2C 的那套方法在 B 端商户身上无法奏效。

O2O 的终端体验在线下，因此 C 端用户的体验完全取决于 B 端最终能提供的服务。而 2B 的运营是一项流程长、反馈时间长且需要多部门配合的工作。B 端的连接需要一个区域的所有销售人员的帮忙才能完成，因此如果没有单独针对 B 端的运营方法，别说 B 端商户，就连区域销售人员那关都过不了。

运营人员需要就如何加入并使用平台向销售人员宣讲，并让销售人员把这套话术传达给 B 端。大部分销售人员不会关心产品的体验如何，效率如何，而只关心一单有多少提成。2C 的那套思路对他们来讲有点像纸上谈兵，因为 B 端商户要得更多。如果 B 端商户要的东西你承诺不了，你的需求就不会排到销售人员的优先级前列。

简单来说，C 端更看重需求满足情况和使用过程中的体验，而 B 端更追求商业收益。

1. C端用户需求与用户运营

先看C端用户需求与用户运营,如图1-5所示。

图1-5　C端用户需求与用户运营

不难理解,在核心功能需求得到满足之后,我们才会追求体验。那么什么样的体验算好或者不好?好体验的标准是不一样的,而这个标准一定要围绕用户对产品的核心诉求来定。

对于偏工具型产品,用户的主要需求在于产品带来的高效率。比如:对于搜索产品,用户使用产品的目的是快速找到想要的结果;对于网盘产品,用户追求的是快速下载所需的资源。这类产品需要保证效率,才能为用户带来良好的体验,满足用户的需求。

对于母婴社区类产品,好的体验就是用户可以通过简单的交互获取自己所需的母婴相关内容和服务。比如在用户输入信息后,产品提醒用户在当前阶段需要关注的母婴知识以及其他同类型用户的推荐和互助服务。对于美妆类产品,好的体验就是对于达人发布的推荐内容,用户提出的问题能及时得到反馈。

而通过用户运营手段营造好的用户体验，加深用户社交链，会给用户带来归属感。社区类产品尤为典型。比如，知乎、豆瓣这类社区形成了自己的社区文化和社交链，产生优质内容的头部、中部用户有强烈的归属感，会不断生产内容来吸引更多用户消费。再比如，网易云音乐提出了云村的概念。网易云的忠实用户戏称自己为云村村民，他们每天会净化歌曲的评论，自己有一套用户管理体系，完成审核、举报、删除负面评论等工作。而这些工作都是用户出于对产品的归属感自发完成的。

基于以上C端用户对产品的核心需求，即高效率地使用工具，获得良好的体验，营造归属感，就可以延伸出用户运营的三大重点手段。

（1）理解用户需求，明确用户画像

如果用户追求的是高效满足需求和良好的体验，那么用户运营就需要有一个清晰的用户画像。知道A用户要什么、B用户要什么，则给A结果A，给B结果B，而不是给所有用户结果C，让用户自行从中寻找自己需要的内容和服务。

（2）匹配用户标签，个性化满足用户需求

如果用户要的是归属感带来的良好体验，则用户运营可以根据用户标签进行个性化的用户引导，并通过运营手段加强用户对产品的归属感。比如，同一款音乐产品可以根据A的用户属性为他推荐"80后"流行歌曲歌单，而根据B的用户属性为他推荐电音歌单。个性化的区分会让用户产生初步的归属感，而用户运营的持续发力会使用户在产品里成长，用户与产品之间的关联也会随之增强。

（3）产品社区化，用户运营引导用户在产品中形成社交链

从近两年用户增长快速的产品中，我们可以发现这种运营方法是有效的。根据用户个性化算法缩短用户路径、提升用户效率的产品（如今日头条、百度 App）和以用户之间的社交链为主要运营方向的产品（如微博、网易云音乐），其用户增长和活跃度的提升是得到了验证的。

此外，工具类产品也在向社区化转变。原来工具类产品很多，我在给产品分类的时候，会单独分出工具类，与社交类、金融类、电商类并列。但随着工具都在向社区化转变，单纯的工具类产品越来越少了。比如女性生理记录软件大姨妈，这款软件最初是一个工具类产品，但随着用户数量的增多，为了提升用户的活跃度，它开始向社区化转型。再比如有一款记账软件，最初主推的产品功能是记账，而现在也在向社区化转变。它会根据记账用户的特点建立用户之间的社交链，结合用户成长体系推送与理财相关的福利，也会在社区里鼓励用户互相分享理财知识。而用户留下了，并因为社交链和归属感产生了更多的数据，用户运营就能根据这些数据做进一步分析，从而优化用户体验，形成良性循环。

2. B 端用户需求与用户运营

与 C 端用户相比，B 端用户的需求有什么差别？为什么对 C 端用户可行的方法到了 B 端无法奏效呢？对比图 1-5 和图 1-6 可以看出，C 端的需求是基于产品提供的内容和服务本身的，而 B 端的需求既是基于产品提供的内容和服务的，更是基于行业收益的。

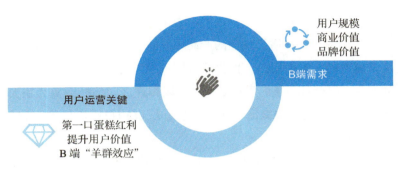

图 1-6　B 端用户需求与用户运营

B 端用户的需求主要有三方面。

第一，**用户规模**。大品牌、大平台所带来的用户规模可以带来可观的用户转化。一个用户规模大的产品要与 B 端联动，合作的可能性就会很高。

第二，**品牌价值**。品牌背书是一种隐形的资源利益。你的品牌能为我背书吗？还是我的品牌在给你的产品背书？不同的品牌地位会影响合作关系。

第三，**商业利益**。这是在需求上 B 端用户与 C 端用户的最大差异，而且这个差异化需求是最核心的 B 端需求。用户体验再好，如果无法规划出明确的商业变现路径，产品对 B 端就是不奏效的。

根据这三方面的需求，用户运营怎样运营 B 端用户才能既满足 B 端需求，又带来产品增益呢？

先看用户规模。现实情况是，绝大多数产品不可能达到微信、淘宝、百度那样的用户规模，很多初创产品只是达到几十万、上百万的 DAU 就已经耗尽了所有可用资源。而如果这些规模不大的产品依赖于 B 端提供的内容和服务，那么 B 端用户运营就极为关键。

首先，需要整合资源，为 B 端提供足够大的用户红利。大平台有好处，但也有短板：好处在于用户规模足够大，B 端天然被用户体量所吸引；而短板在于用户相对分散，B 端竞品较多，可分得的红利有限。而小而细分的产品，通过运营整合资源，可以用时间换规模，让重点关注的 B 端用户先加入，吃到自己平台的用户红利。其次，需要将 B 端用户分层、分批引入，保证每个层次的用户需求都有相应的 B 端用户来满足。

再看品牌价值，重点看一下如何利用头部 B 端用户形成羊群效应，这也非常关键。

这里可以参考传统行业中商圈的做法。大悦城、万达这类超级商圈可以看作平台。这类商圈最先确定的都是一些高端品牌和标准化连锁店，但这其实并不是商圈租金利润最高的部分。然而在这些品牌入驻之后，商圈和入驻品牌之间也完成了互相背书，就基本能定位一个商圈的层级，商圈能够借此吸引更多店铺入驻，从而使商圈这个平台的利益最大化。

互联网产品吸引 B 端用户也是类似的。假设运营的是一款垂直领域的百万级 DAU 产品，虽然品牌价值比不上综合类的大型互联网平台，但可以通过资源倾斜引入业界排名靠前的 B 端用户，而其他 B 端用户会以此来衡量该产品的品牌定位并选择加入，这就能形成羊群效应。

最后看商业利益，看一下如何更好地满足 B 端用户最核心的需求——商业利益。

目前互联网平台的商业变现方式相对有限，很多行业的 B 端用户思维还停留在将互联网产品当作用户渠道，想办法把用户分流到自己要售卖的商品上进行变现。通过引流用户、将用户转化到电商类产品上变现的方式使得 B 端和渠道类产品的绑定很松，在流量缩减甚至消失后，渠道类产品和 B 端之间就不再有关联。

而通过平台化探索新的用户运营模式则给 B 端和互联网平台带来了新的可能性。平台与渠道类产品在思路上是有核心差异的。平台化思路主要是将 B 端和平台用户绑定起来，将变现的核心功能迁移到平台上直接完成商业变现，并进行用户沉淀和留存，打通 B 端和用户在平台上进行服务和转化的通道，从而把"我的用户"直接变成"你的用户"，而不再是把"我的用户"导流成"你的用户"。

无论是 B 端在微博上发起的抽奖或者投票，还是在微信里运营的服务号和小程序，核心都是 B 端认为它在平台上运营的用户都是自己的用户。微博或微信提供平台功能，而 B 端直接在平台的功能上完成转化，从而以更短的流程带来新的商业利益。因此在平台化思路之下，B 端会自己想办法在平台上促进用户完成转化。

除了平台化转变，根据不同用户画像而使用的更丰富的运营方式也会为 B 端带来新的商业收益。

总结一下，从面向的用户类型来看，C 端用户追求的是效率，是体验，是归属感。相应的运营手段即为明确用户画像，提升用户体验，并通过运营方式给 C 端用户带来实际的增益和归属感。而 B 端追求的是更多的用户、更高的商业收益和品牌价值，那么 B 端用户运营应该针对这几类诉求去满足 B 端用户，为产品带来更多的内容和更好的服务，在自己的产品上完成 B 端内容和服务的 C 端消费体验。

1.4　优秀用户运营的 4 个特质

从用户路径看用户运营职责，从面向的用户类型看用户运营手段。用户所处的阶段在变，用户类型也在变，因此运营方式也要跟着变化。那么在不断变化的运营方式中，有什么是用户运营应具备的特质呢？

我将优秀用户运营的特质分为四项，即会沟通、懂管理、能抽象、懂数据，如图 1-7 所示。

图 1-7　优秀用户运营的 4 个特质

1.4.1　会沟通

用户运营需要会沟通，这不难理解。找到目标核心用户，了解核心用户的诉求，然后将其转化为产品的种子用户，这都需要沟通能力。

怎么才算会沟通呢？回想一下，我们平时的沟通基本上都是什么形式。一方在听，是输入诉求；另一方在说，是输出反馈。什么时候该说，什么时候该听，如何从诉求输入里抓住核心诉求，以及应该怎么反馈，从中就能看出一个人会不会沟通。能够从听和说中抓住重点，给出恰当的反馈，这就叫会沟通。

1. 沟通技巧

沟通有三大技巧：倾听、发问、反馈。

倾听有个 3F 原则，即 Fact（事实）、Focus（意图）、Feel（感受）。遵循倾听的 3F 原则，随着沟通的深入，用户运营可以从与目标用户的对话中了解目标用户的实际诉求。而倾听用户诉求与后面会讲到的用户体系有强关联。无论是挖掘目标用户还是建立用户管理体系，沟通都是从倾听开始的。

而好的问题有助于从多方位了解目标用户的诉求，并根据自身产品的特点引导用户从产品体验者的角度拓宽自己的思路，增强参与感。好的问题多为开放式的、引导式的，除了定向的问卷调研，尽量不要采用选择式提问。

在有效倾听用户并从提问中全方位了解了目标用户的诉求后，适时的反馈就会加深用户运营与目标用户之间的关联，从而达到沟通的目的。

2. 沟通工具

我常戏称用户运营有四宝：邮箱、私信、微信、QQ。这四宝其实就是用户运营平时用得最多的工具，它们各具特色。

邮箱虽然并不是现在主流的通信工具，但是使用 EDM 对注册用户进行召回还是有相当可观的转化率的。

私信是借助平台来寻找特定目标用户的典型工具，相当好用且成本较低。微博之类的平台已经筛选好了用户属性，因此用这样的沟通工具，效率和转化效果都非常不错。比如对于粉丝团体，微博已经完成了认证部分，如果需要与粉丝团的管理者沟通，私信就是非常有效的手段。

而 QQ 和微信都是维护用户社群用的工具，两者的区别是什么呢？除去功能差异，QQ 与微信的区别主要在于使用者年龄层不同。学生群体更喜欢用 QQ 而对微信并无好感，认为微信是中年人用的工具。因此，当产品目标用户群体定位有明显的年龄偏好时，也要选择与用户之间沟通的合适工具。

1.4.2　懂管理

用户体系包括用户成长体系和用户管理体系，而用户管理体系就需要用户运营懂一点管理技巧，具备一定的管理者思维，为什么呢？

前面提到，现在连工具类产品都在社区化了，说明社区化是大家认定拉动用户的一个重要手段。而要社区化，产品必然会面临用户管理的问题。因此用户运营要懂一点管理技巧，这样才能管住核心用户和用户管理团队，并通过他们辐射更多的普通用户。

在资源管理层面，互联网产品基于自身发展的需要，会有内部和外部的资源拓展工作。资源的拓展基于对自己所运营产品的内部资源的盘点和管理。这里的管理者思维确切地说是对资源的掌握和分配的思维。什么样的运营项目需要调用什么样的运营资源，这些资源从何而来，这是需要运营人员了然于胸的。

在用户成长层面，在收集种子用户初期，运营人员需要挖掘并培养人才。在种子用户达到预计数量之后，又需要维持这些用户的活跃度并积极搭建用户的成长体系，这些工作与企业管理者所做的工作非常相似。用户运营需要具有极强的感染力和清晰的思路，才能让用户发挥最大的价值。

如图1-8所示，在一款产品中用户是呈金字塔型的。让用户管理用户是用户运营用较少的人力辐射较大的用户群体的重要手段。

图1-8　用户管理模型

即使最后核心用户群达到相对成熟的阶段，运营人员能够培养出足够多的核心用户，并且可以组成小型的外部团队，辅助用户运营管理普通用户，如何维持核心用户团队的秩序并应对各种突发状况，都很考验一个用户运营的管理能力。

1.4.3 能抽象

抽象指的是从众多信息中抽取共性的特质，而舍弃非本质的特征。用户的需求反馈种类非常多且表达方式复杂，将这些需求反馈不加区分地直接交给产品经理，效率是十分低下的。因此，用户运营需要从零散的需求反馈中抽象出真正的产品诉求，再反馈给产品经理进行产品迭代。

你是否收到过类似这样的用户反馈："我不喜欢你们用的字体。""为什么要限制发言时间？"这样的反馈非常具体、细碎，究竟应该将其分为产品设计问题、使用流程问题还是交互问题，这就需要先运用抽象能力将问题剥离出来。这样才能正确反馈，解决用户的核心问题，从而加深用户对产品的信任与依赖。

举例来说，假设你运营一款社交类产品，在不同渠道获取到500条用户反馈。显然，直接将这500条用户反馈堆到产品经理面前是十分低效的，你可以先根据它们所传达的用户需求将它们收拢到抽象出的表中（见表1-1）。

表 1-1 用户反馈分类及跟进表

反馈渠道	反馈类型	后续跟进
微博	线上 bug	××时间点内解决
我的—用户反馈	使用问题	产品优化—方案
使用页面反馈组件	内容问题	内容优化—方案
朋友圈	正面情绪反馈	积极互动
其他平台	负面情绪反馈	及时沟通—安抚
	其他类型	

上面提到的"为什么要限制发言时间"可以归类到用户的使

用问题上，用户此时的产品需求是延长发言时间，用户运营既可以根据用户反馈类型的数量多少来决定后续产品优化时的优先级顺序，也可以及时跟进非产品使用问题的其他用户需求。

1.4.4 懂数据

最后一点是要懂数据。数据对于用户运营有两大用处：一是通过数据建立用户画像，进行精细化运营；二是通过数据进行漏斗分析，从而复盘运营方法是否正确。

对于用户运营来说，分析和使用用户画像的时候比较多，自己建模用户画像的时候比较少。用户画像可以辅助用户运营了解自己产品用户的属性，方便定位、促活、召回用户。而漏斗分析可以看到在哪个环节用户转化变差，进而有针对性地调整运营方法。

1.5 正确认识用户运营与产品经理的关系

根据常规的工作职责划分，产品经理负责设计产品，用户运营负责引入用户并通过运营沉淀和召回用户。但在实际工作中，用户运营几乎参与了用户路径全流程，且直接与用户关联，因此与产品经理接触非常频繁。在配合的过程中，用户运营会有与产品经理理解不一致的地方，这时候用户运营可以参考以下三点来进行调整。

1.5.1 正确理解产品定位

我们先来看最重要也最容易被用户运营忽视的一点：正确理

解产品定位。

用户运营要理解产品定位，首先需要明白什么是产品定位，然后通过了解产品所在的市场、产品为用户提供的价值和确定产品的目标用户群体，明确产品要带给用户的认知（产品定位）。

1. 产品定位的定义

我曾经被很多运营新手问过这样的问题："为什么我的运营方案无法得到产品经理的认同？他们有时候说不符合产品逻辑，有时候说看不到收益。连共识都无法达成，更别提执行下去了。"通常我会反问："你了解你自己产品的定位吗？你的运营方案是否能帮助产品达成你们共同的目标？"

所谓产品定位，即你所运营的产品在用户心中的认知。

以时尚箱包产品为例。Louis Vuitton 的产品定位是奢侈品，在用户心中的认知是有一定经济基础的人使用的产品；Coach 的产品定位是轻奢，在用户心中的认知是白领阶层使用的产品；李宁的新产品定位是国潮，在用户心中的认知是代表中国新时尚的年轻人品牌。

以数码产品为例。苹果手机的产品定位是创新的移动互联网设备，用户对其的认知是高新、潮流以及贵；小米手机的产品定位是让用户参与其中的发烧友手机，用户对其的认知是开放、参与感强、性价比高。

每个产品都有自己的产品定位和目标，用户运营的作用就是帮助产品巩固其在用户心中的定位，扩大用户规模，从而达到用户增长的共同目标。

理论上，产品的定位是产品经理在设计产品之初就应该明确的。一款产品如果没有明确的产品定位,是无法让用户感知到其与同类型产品的差异并使用产品的。这一点运营人员在开展工作前就应该先与产品经理沟通清楚。举例来说,同样是音乐类产品,QQ音乐和网易云音乐的定位就不尽相同:前者倾向于服务需要收听精准版权类音乐的用户,定位为准而全;而后者从最初的小众音乐到歌单推荐,服务的是需求相对广泛且有一些发烧友属性的用户,定位为格调和清新(见图1-9)。如果没有清晰的定位,这两款产品在用户心中的认知是没有明确差异的。

图1-9 音乐类产品的内容差异化

虽然产品定位十分重要，但在实际工作中运营人员经常会遇到这样的情况：一款产品，尤其是探索期的产品，产品经理往往只给出一个大而全的理想态，并不能给出清晰的产品定位；又或者在产品初期产品经理会有边做边找定位的想法。这时，运营人员应当如何找到一个定位并根据定位达成预设的目标呢？

2. 产品定位的方法

（1）确认产品所在市场

无论前期能否细化定位，产品所在的市场范围是可以大致明确的：是本地生活市场，还是跨境电商市场；是小众高端市场，还是大众市场；是新兴市场，还是成熟市场。找到自己产品的所在市场是明确产品定位的第一步。

（2）确认产品能提供给用户的价值

产品提供的价值可能是一个实用的工具，可能是某一个类别的优质内容，也可能是生活服务，总而言之，是用户使用产品的理由。不断深耕这个理由，就可以明晰自己的产品定位。

（3）确定目标用户群体

从前面的例子中可以看出，一款定位清晰的产品是有自己明确的目标用户群体的。这个用户群体无论是年龄、性别、收入还是文化程度，都有其共性。确定目标用户群体是找到产品定位的第三步。

对于以服务用户需求为核心的产品，即使产品经理给出的产品定位不太清晰，也可以根据目标用户的定位进行倒推，并与产品负责人确认是否理解一致。这里的一致包括目标用户、产品重点追求的体验和产品所处阶段三个层面。

1.5.2 和产品经理处在同一个行业视角

在用户运营工作的初期，工作内容相对琐碎，因此很多用户运营从业者，尤其是工作年限在 1～3 年的运营从业者，普遍会感到焦虑，认为自己的工作可替代性高，没有含金量。这一苦恼往往源于他们在工作中陷入细节，看不清自己工作的体系，也无法向上看到行业形势。

从初期重复的工作到可以看到行业的高度，其间需要一定的时间和经验积累，而且绝不是随着工作年限的增长，你的行业视角就会持续向上的。

所谓行业视角，指的是充分了解自己所运营的产品在行业中处于什么位置，以及这个位置与行业之间有什么关联。

运营工作细分到用户运营这个层面，往往给的职责目标都是具体的指标，如 DAU 增长或用户转化率提升等。不同行业的增量空间和用户活跃度都是完全不同的，因此从指标的制定到运营规划的落地都不能靠拍脑袋，而需要充分了解自己运营的产品所处行业的现状，这样才能了解到产品还有多少增量空间。

比如，对于一个票务服务聚合平台，产品经理的行业视角和用户运营视角要如何达成一致呢？产品经理在设计产品前需要先了解行业上下游以及产品在行业中所处的位置，如图 1-10 所示。

图 1-10 给出的仅仅是一个产品在行业中最小单元的位置，但已经足够让产品经理了解到提供核心资源即票源的供应商有哪些，这些供应商各自的诉求和盈利模式是什么，自己的产品还需

要达到什么用户量级才能找到自己在市场中的位置，等等。

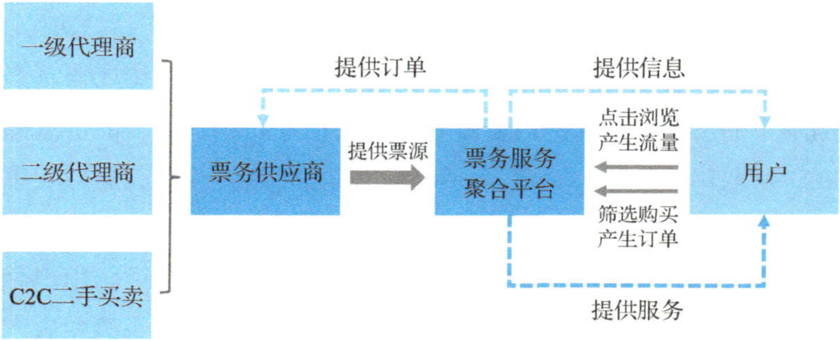

图 1-10　票务服务聚合平台在行业中的基本位置

而用户运营在运营产品时，可能已经被给定提升用户活跃度的目标。这时用户运营往往会只以这个目标为导向，尝试各种运营手段，而在对产品和用户的理解上与产品经理产生冲突，导致运营工作遭遇瓶颈。

因此要了解到你的产品在行业中所处的位置，这个位置不只是相对于竞品而言，而是你的产品到底处于大行业中的哪一环，它的上游是谁，下游是谁，上下游依靠什么生存，其用户与你的产品的用户是重合的还是分离的，等等。只有对产品行业位置的理解与产品经理一致，才能更好地运营用户，实现增长。

行业视角的最大价值在于，它能指引用户运营找到自己所需挖掘的用户，并了解用户的进一步动机。

1.5.3　用户运营驱动产品迭代

1.4 节提到的优秀用户运营的 4 个特质是以重要程度由低到高

来介绍的。如果一个用户运营很了解自己的产品，能够管理好资源和用户，并且拥有超越自身产品的行业视角，那么他不会简单地依据产品的需求给出运营方案，而会用运营来驱动产品的迭代。

当然，是产品驱动运营还是运营驱动产品，归根结底要看产品本身的属性。但无论对于哪种属性的产品，用户运营的价值都在于获取用户的第一手建议和反馈，从而可以直接对其进行收集和分类并给出有依据的产品建议。

对于用户运营而言，与用户贴近是一把"双刃剑"。用户会把用户运营当作与产品连接的一座桥梁，并希望借此桥梁左右产品的发展方向。如果用户运营无法判定哪些建议合理，哪些建议不宜采纳，那么会给产品带来过多干扰信息，扰乱产品的定位和方向，导致产品变得大而杂，反而会让更多的用户迷惑。因此，基于对产品的理解和判断，在用户纷杂的建议和批评中过滤掉无效信息，给出合理性建议和解决方案，这是用户运营所需具备的特有能力。

用户运营如何驱动产品迭代？方法如下。

1）**建立用户画像，分析用户画像，根据用户画像驱动产品迭代**。举例来说，假设分析出用户画像为中老年人群体，那么就要将产品的操作门槛设计得足够低，让中老年人群体可以快速上手。

2）**建立用户成长体系**，使产品在设计的过程中考虑到对应的用户成长体系，并将核心功能与成长体系的权重强绑定。

3）**分析活跃用户的行为，收集用户反馈，抽象出用户的高优需求并交给产品经理进行优化排序**。对于用户反馈中的使用问题分类，可以继续细化到产品功能层面，然后反馈给产品经理，驱动产品更好地满足用户需求，给出迭代计划。

|第 2 章| CHAPTER 2

做好用户画像

根据用户路径中的不同阶段，用户运营既要做好拉新、转化与留存工作，又要做好沉默用户的唤醒与召回工作。而在每个关键节点，用户画像都可以起到为运营提供信息，让其有的放矢、有针对性地进行运营工作的作用。尤其是在大数据技术已经广泛应用于各个产业的今天，通过大量的数据塑造，筛选用户，建立产品的专属用户画像供产品经理和运营人员优化产品和服务，已经成为业界非常推崇和认可的应用方式。

2.1 什么是用户画像

用户画像如此关键，那么到底什么是用户画像呢？

我们大都以为用户画像是随着大数据这个概念而来的，这可以说是因大数据这个概念影响力的扩大而产生的错觉。事实上，用户画像这个概念早在大数据出现之前就已经存在。只不过，样本数据量是用户画像中很重要的部分，而大数据的发展让用户画像成为更精准、更有借鉴价值的工具。

2.1.1 生活中的用户画像

用户画像并非互联网产品独有，在互联网普及之前，各种企业产品就已通过调查问卷、市场调研、产品测试等多种线下方法收集用户信息来构建用户画像。

1. 用户画像最小单元——初始数据积累

设想这样一个场景：我们约好时间，启程前往朋友家，到达目标小区，进入之前，保安会做什么？曾有一个段子说保安是哲学家，因为每次有人要进入他负责的领地，他就会发起哲学三问："从哪来？干什么的？要到哪去？"

从用户运营的角度来看，保安问这三个问题其实是在对访客做一个标签和分类。

问题一：你从哪过来？这是在做来源分析。

问题二：你是干什么的？这是调研用户属性，从而对其分析归类。

问题三：你要到哪去？这是将访客的用户属性和预期用户行为进行关联。

这是一个完整的用户画像模型收集。随着保安的样本量增加，这三个问题基本就能定位一个小区访客的模型。

2. 用户画像进阶单元——数据收集、分类及后续追踪

生活中无意识地应用用户画像的例子有很多。比如逢年过节的时候关心单身青年们个人问题的亲戚也深谙此套路。

"多大了？"

"工作怎么样？"

"收入如何？"

"喜欢什么样的？"

一个又一个的问题背后是一个又一个的个人数据，这些热心的亲戚掌握了足够多的单身青年男女数据后，就会在自己的"数据库"里找到合适的对象进行匹配并推荐，力图解决这些单身青年的个人问题。

2.1.2 用户画像的定义

用户画像（Personas）这一概念由交互设计之父 Alan Cooper 提出，是指真实用户的虚拟代表，是建立在一系列属性数据之上的目标用户模型，如图 2-1 所示。

图 2-1 用户画像的概念

互联网中的用户画像是通过多个角度，从用户行为数据中提取某个产品的使用者的共同特征，通过特征比对和建立标签来描绘该产品使用者的画像的工具。

收集并清洗用户数据，建立标签，对一系列抽象的用户交互行为进行数据分析，描绘出一个具体的用户的形象，这就是建立用户画像的过程。无论是前面提到的保安的询问还是亲戚的"数据库"，其实都是根据收集的用户属性和用户行为建立的用户模型。

我们习惯于为具有某一类特征的人打上某些标签。比如，喜爱说唱、街舞的人往往会喜欢潮牌，喜爱逛高级超市的人往往更注重生活品质，对商品价格相对不敏感。收集某一类人的行为习惯并进行标签关联，就是应用用户画像的过程。而这些标签关联就是用户画像。

2.2 用户运营和用户画像的关系

从前面的例子中我们可以看出,数据输入得越多,样本量越大,用户画像的模型就越准确。虽然利用大数据进行用户画像建模通常都是技术人员的工作,但是用户运营也要了解用户画像是如何建立的,这是为什么呢?

我们可以回到从用户路径中分析用户运营职责那里寻找原因。

1)**海量数据的建设流程过长,有些场景会影响效率。** 用户画像模型的建立和输出确实需要数据部门完成,毕竟整个用户画像流程包括海量数据的收集、清洗、监控,不是运营人员能处理的。处理大量数据并进行数据清洗、输出可视化模型的流程很长,而互联网用户行为会受到各种各样的因素影响,且变化较快,甚至在建模的过程中都会发生变化。如果建模需要两三个月完成,在这两三个月里出现一次公关危机可能就会导致用户大量流失。

2)**小范围用户画像能够指导用户运营工作。** 如图 2-2 所示,在用户路径中用户运营在源头就已经介入了,这时如果只是等着建模完成,就没有办法在一些关键节点及时抓住用户。而了解用户画像建模的基本原理,有助于用户运营去做一些定向用户画像建模和分析的工作,以便及时进行运营干预。

比如,用户运营只是想知道某一个运营活动或者运营方式能不能针对不同的用户去做,他就会有一些更小范围的、更垂直细分的用户画像需求,这时就比较难向数据部门申请这样的用户画像。而如果用户运营掌握了基本的用户画像逻辑,就可以自己去抽样数据，根据数据建立模型，然后再通过这个模型做更进一步的运营工作。

图 2-2 为什么用户运营要会分析用户画像

用户路径的全流程包含拉新时期的定向运营、用户激活后的引导、活动运营的活动效果回归以及沉默用户的唤醒。如果用户运营不知道产品的用户画像，那么他基本上就是在摸黑做运营。在当今互联网产品越来越细化的趋势下，不针对不同类型用户进行精细化运营是无法达到最佳运营效果的。了解建设用户画像的方法并合理运用用户画像，有助于用户运营找到更有效的运营思路。

2.3 用户画像的 4 个价值

前面解释了为什么用户运营需要了解用户画像的建立方式，下面来看用户画像对于产品具体有什么价值。

从我个人的工作经历来看，用户画像的价值可以抽象为图 2-3 所示的 4 点。

图 2-3 用户画像的价值

1. 决定产品定位

产品的定位并不是一成不变的。一个产品刚开始一定是围绕着特定的用户需求来设计的,然而随着用户的增多,累积到一定的数据,很有可能会产生与最初预期完全不一致的用户偏好,这就会导致用户画像与预期的截然不同。这里可能有用户需求变化的原因,也可能有实际引爆的用户群体与预期不同的原因。无论是哪一种情况,在一段时间后重新分析用户画像都有助于产品及时调整定位。

快手是目前在短视频和直播领域处于行业领先地位的产品,但在 2011 年成立初期它只是一个纯工具属性的产品,主要功能是制作 GIF 动图并分享到其他平台。然而随着用户量的增加,GIF 快手社区属性的重要性逐渐凸显。用户不满足于将内容分享到其他平台,在平台内有创意的内容分享逐渐增多。

随着用户需求的变化,GIF 快手开始向短视频方向转变,让有创意的视频不受限于产品原有功能。2014 年,GIF 快手更名为快手,明确了短视频社区的产品定位。

2. 帮助优化产品体验

从很多根据算法进行个性化推荐的产品中，我们可以看出用户画像对于产品优化的作用。

图 2-4 所示为我的个人淘宝页面。淘宝有一些细微的个性化调整，旨在通过用户画像进行个性化展示以达到提升用户转化率的目的。我作为一个用户个体，有一些基于年龄和地理位置的用户属性特征。我的网购习惯是，日用品基本都在京东上购买，但会在淘宝上买一些小商品和特殊的细小类目商品。

在这种情况下，可想而知，我在淘宝上的转化是越来越低的。然而从某一个时间点开始，我注意到自己的淘宝打开频率变高了，原因就在于淘宝的几个推荐模块中出现了我最近感兴趣的商品类型。我意识到其实淘宝是根据我的搜索记录、收藏记录等用户行为设计了一套我自己的用户画像，重新做了一套个性化推荐（见图 2-5）。对比图 2-4 和图 2-5 可以明显看出，图 2-5 的首页推荐用户画像更为清晰。图 2-4 将我的用户画像定义为"年轻女性"，而图 2-5 的用户画像在此基础上还增加了"二次元""制服"等更精细的标签。这样，用户在使用产品时会得到更优的体验。

除了淘宝，资讯类产品（如今日头条）、金融理财类产品、短视频社区（如抖音），都会根据用户画像来确定产品策略和产品功能的迭代方式，从而提升用户的活跃度和转化率，而这就是用户画像的第二大价值。

3. 支持个性化运营

在第 1 章里我们了解到，用户运营既要有沟通技能，又要懂管理；既需要定向挖掘核心用户，又要想办法做用户活跃和召回。任何一项工作都不简单。比如，在挖掘核心用户时，用户运营如何开启与目标核心用户的沟通呢？

图 2-4　淘宝 App 首页推荐区

图 2-5　淘宝个性化推荐

可以想象，在完全不了解一个人的时候，开场白都是通用且平淡的，因为完全不知道对方对什么感兴趣。而一旦你有了用户画像，利用好相关的标签就可以了解到用户兴趣，从而更容易与用户进行深入的沟通，使个性化用户运营成为可能。

将用户的属性抽象成标签之后，用户运营就可以有的放矢，根据标签就对方感兴趣的话题展开沟通。众多的标签可以形成标签云（见图 2-6），简单的标签里也有一些比较有个人特色的。比如图2-6所示的这个用户画像，对于一个热爱生活的"90后"理工男，喜爱健身和摄影比较符合人群特征，而"猫奴"是比较个性化的兴趣爱好。因此，如果这类用户是你所运营产品的目标用户，那么与他们沟通时就可以从可爱猫咪聊起。

图2-6 用户标签云示例

积累的数据越多，获得的用户画像会越具象，运营人员就能越清楚地知道如何与用户高效沟通。无论是对于核心用户还是业界大V的挖掘，有了用户画像的沟通都要比无差别的沟通更有效，所得到的反馈也会更有价值。

与图2-6相比，图2-7所示的标签云所收集的用户数据明显更为丰富，用户画像也更加清晰。标签云里字体的大小代表着这类数据在用户数据中实际的占比。由图2-7可知，这些是女性用户，她们关注的商品类型为食品饮料、零食、巧克力和奶制品，对电商、团购等网站都非常感兴趣，被定义为时尚白领、护肤达人、爱美人士。

图 2-7 用户标签云示例

基于这样的用户画像,我们要想一想,什么样的产品和内容最吸引她们,而我们所运营的产品是不是这个类型。如果我在运营一个美妆类电商网站,她们就是我的目标用户;而如果我在运营一款体育直播类 App,那么无论来自什么渠道,这类用户都很难成为目标用户。运营人员需要判断是集中精力对相符用户进行个性化的运营,还是说服产品经理改变产品方向以提升这类用户的留存率。而这个判断是整体战略层面的问题,成本高,周期长,最终可能还无法形成定论,因此最好根据自身产品的用户画像去寻找目标用户群体。

用户标签体系

用户标签按属性可以分为个人自然属性、社会属性、行为属性等，按行业又可以分为电商、教育、医疗、社交、信息分发等几十上百种。在日常运营工作中，如何让令人眼花缭乱的用户标签为己所用呢？这就涉及用户标签体系的构建。

什么是标签体系

标签体系指的是对产品需要的多种标签进行分类，并对不同分类的标签属性进行定义的组织形态。

用户信息的标签分类与属性定义，需要将相同、相似的标签进行聚类归一，把不同类型但具有一定业务逻辑与关联性的标签在主要标签下做进一步分层，从而保证主要标签分类与核心业务目标对齐，其他分层标签作为辅助信息。

一套丰富、完善的标签体系可以赋能用户运营，让用户运营在不同阶段通过标签和用户数据的关联生成用户画像，从而有针对性地进行精细化运营，实现全用户生命周期价值的增长。

用户标签体系的生成

根据生成方式，标签可分为事实标签、模型标签和策略标签。

事实标签即从原始数据中提取的标签，如人口标签、会员标签、行为标签、交易标签、消费标签等事实标签，均是基于用户在App中的注册、交易、点击交互等行为抽取出来的。这些标签还可以进一步拆分出子标签，例如：交易标签侧重于交易偏好，如线上或到店交易，支付工具是微信还是支付宝，充值与优惠券等黏性工具使用是否频繁；消费标签则更关注下单动因、客单价、消费兴趣、搭配偏好等。

模型标签是通过先设定一定的规则，然后经过分析处理得出的人为定义的虚拟标签。比如，某中年男性的到店消费记录显示，他工作日在写字楼长期吃快餐，周末在商场消费儿童游乐场团单，由此基本可判断他是一位有孩子的上班族。再比如，对于旅游等低频业务产品，用户 3 个月未复访，则可以将其归为沉默或流失用户；而对于外卖平台，用户 2 周或一个月未复访，则基本可以判断其已流失。

而策略标签则是根据具体的营销目的圈出特定人群来进行运营的工具。比如，剧本杀 App 七夕节的运营活动、电商平台在重阳节推出的家用电器运营活动，都需要圈出特定人群进行营销，此时"特定"需要多维度数据构建，以达到区别于事实标签且对业务有实际提升的效果。

4. 潜在用户挖掘

用户画像可以帮助用户运营从数据漏斗中细化原因，定向运营。

图 2-8 是一个简易的用户行为数据漏斗，我们略去用户点击消费的环节，只研究收藏和分享的用户。按照图中的假设，在产品所触达的用户中，有 35% 的用户进行了收藏，最后有 5% 的用户进行了分享。这里，用户画像能够帮助我们做什么呢？

用户画像可以让我们看到这 35% 进行了收藏的用户有哪些特征，并从这些特征里总结出吸引用户的运营细节。以一个旅游分享型的产品为例，用户点击特定的展示页面进来，其中做出收藏行为的主要是女性学生群体，但她们大部分并没有进一步分享，原因是什么？是否需要在分享环节设置一些适合这个群体的激励措施来促进她们分享产品？

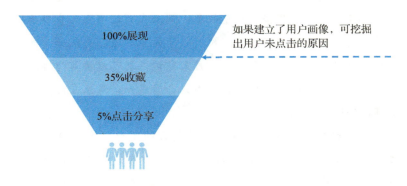

图 2-8　用户行为数据漏斗

同样，可以根据用户画像分析 65% 未收藏用户的属性特征是什么，是他们根本就不是潜在用户，还是设置的内容对于他们来说吸引力不够。如果没有这些模型辅助，分析其原因将会变得困难。帮助挖掘潜在用户是用户画像的第四大价值。

2.4　用户画像的建立方法和流程

既然用户画像对用户运营有如此实用的价值，那么我们该如何建立用户画像呢？前面提到过，一般情况下，数据部门会有专业的技术团队进行用户画像建模，但在实际应用中，用户画像的建立方法和流程完全可以简化，以缩短建模周期，为用户运营指明方向。

用户画像的建立由数据源的收集与模型建立两部分组成。接下来我会从用户的数据源类型和用户数据建模两方面介绍用户画像的建立方法。

2.4.1 用户数据源类型

1. 用户画像的数据源

用户画像的数据源主要分为两种：一种是用户属性，另一种是用户行为。用户属性主要有两个来源：设备自有的客观被动信息（如设备型号、应用版本、地理位置等），以及用户主动登记的信息（如产品交互中提示用户选择的个人登记信息）。而用户行为类数据多为用户运营提需求，研发人员埋点（标记用户交互行为），在用户发生交互行为后统计点击或其他交互数据得到的。

了解了收集方式，下面来看数据源的具体类型（见图2-9）。

图2-9 用户画像的数据源

从前面举的例子中可以看到，在大数据技术出现之前，无论是小区保安还是亲戚，其信息库的建立基本依靠口口相传或者人工记录。不过，即便是通过这种原始的数据记录方式所得到的有限数据源都能有一套自己的模型，可见对数据源的整理和关联具有非常重要的作用。

和原始的数据记录方式相比，如今的互联网产品收集数据要容易得多，产品经理和运营人员都不会太担心数据的来源问题。用户使用一款产品，从注册到登录再到点击，我们就已经能够收集到非常多的用户数据了。哪怕产品依托于其他的大平台，平台也会提供已有的海量数据，在此基础上，我们还可以依据自身产品的特点进一步进行用户数据的收集。以常用的平台产品微信公众号为例，它的后台提供了多维度的用户数据和简单的分析（见图2-10）。

图2-10 微信公众号后台用户分析模块

2. 用户属性

数据源有客观数据和主观数据之分，用户属性属于客观数据，自然属性、商业属性、垂直属性、标签属性这些也都属于客观数据，而用户行为和行为关联则属于主观数据。将用户属性和用户行为这些零散的数据输出为可用、可视的数据模型，用户画像就建立了。

（1）自然属性

我们常说的 80 后、90 后、00 后是根据年龄划分的部分人群，在这些称谓的后面一般会紧跟这些人群的一些特征。这就属于依据自然属性来对人群进行划分的分类方式。

一般来讲，自然属性指的是一个自然人的基本属性。图 2-11 列出了依据自然属性划分时常用的参数。性别属性是使用较为广泛的标签，不同性别的人群对于不同内容的喜好会有明显不同。而通过年龄、地域、学历、职业、婚姻状况、子女状况等自然属性标签，比较容易分析出一个产品用户群体的基本占比情况。不同产品所关注的点在这些自然属性里基本都有迹可循。比如目标用户是年轻人群体的，可以通过年龄属性看到自己产品目前的年龄层占比情况；而目标用户是妈妈群体的，可以通过婚姻状况和子女状况来判断这部分用户的占比情况是否符合预期。

（2）商业属性

商业属性也是一个比较重要的属性类别，依据商业属性划分的基本参数如图 2-12 所示。

自然属性可以帮助我们确定是什么样的人在用产品，而商业属性则能帮助我们判断有多少用户可能在产品上消费，以及他们的消费意向、消费周期、消费频次。产品良性的商业化是其长线发展中不可或缺的因素，因此单独分析产品用户的商业属性是用户画像中十分重要的组成部分。

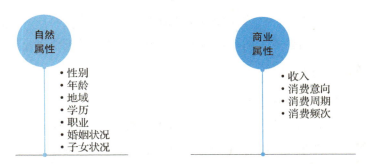

图 2-11 依据自然属性划分的基本参数　图 2-12 依据商业属性划分的基本参数

（3）垂直属性

自然属性、商业属性都是比较通用的属性，无论何种类型的产品都有分析这类用户属性的需求。而不同类型的产品还有一类专属于产品自身的垂直属性。在相对垂直的产品里，除了通用的用户属性，还有哪些值得关注的用户垂直属性？图 2-13 以旅游产品为例，列出了依据垂直属性划分的示例参数。

旅游产品的最终目的是向用户推荐更多的旅游类内容或服务，促使用户消费，而知道用户在旅游方面有哪些属性有助于用户运营采用有针对性的运营手段。其中的属性数据可以通过用户的航班信息、不同类型的行程等信息得到。

（4）标签属性

除了用户固有的客观属性，还有一种属性是运营本身赋予用户的——标签属性（见图 2-14）。在一个用户开始使用产品、产生了第一条数据后，用户运营就可以赋予其第一个标签——新人。之后随着产品用户的累积，逐渐可以分出低频用户、活跃用户、高频用户。如果是有增值服务的产品，还可以根据用户购买增值服务的情况分出 VIP 用户。

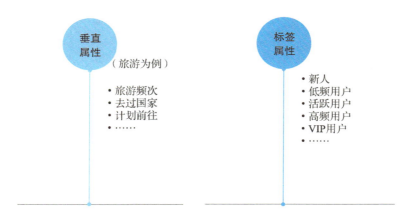

图 2-13 依据垂直属性划分的示例参数　图 2-14 依据标签属性划分的示例参数

用户属性是在产品初期用户行为数据还不够丰富时分析用户的关键数据。需要针对不同的用户类型给出不同的运营策略。从以上 4 种用户属性可以看出，它们并不是单一维度的数据，而是由多种属性整合得到的用户数据集合。这个数据集合产生关于用户属性的画像，指导着产品经理和用户运营。

3. 用户行为

相比用户属性，用户行为的数据更为个性化。用户行为的参数主要分为两种：一种是行为类型，另一种是行为来源。图 2-15 中分别列举了与用户行为类型和用户行为来源相关的参数。

（1）行为类型

行为类型可以帮助我们定位产品中最受用户关注的内容和服务。我们在使用一款产品时会自然地做出一些行为，比如浏览、搜索、点击、收藏，在使用体验较好时，还会进一步做出互动行为，比如点赞、评论和分享等。在建立用户画像模型的时候，可以为以上行为设置不一样的权重值。将这些权重值汇总起来就可以定义一个群体的用户特征。

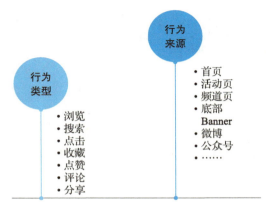

图 2-15　用户行为参数

举个例子，先将用户设定为 2 个基本属性和 2 种用户行为。属性 A 属于浅度用户，属性 C 属于深度用户，属性 B 为轻行为，属性 D 为重行为。再将用户在产品中的具体行为与用户行为类型的定义进行关联计算。例如：在上述行为中，浏览、搜索、点击都属于基础用户行为，可将每一个行为的权重值设置为 1；点赞、收藏则属于较深层次的用户行为，可将每一个行为的权重值设置为 2；评论、分享属于更深的行为，可将每一个行为的权重值设置为 3。

那么，结合用户属性我们可以得到用户属性与用户行为的关联。属性 A（浅度用户）的用户在用户行为上的权重值是 B（轻行为），而属性 C（深度用户）的用户在用户行为上的权重值是 D（重行为），由此可以组成一套模型，来针对不同属性的用户进行个性化运营,目标是将更多 A 类用户转化成 C 类用户。

(2)行为来源

行为来源可以帮助用户运营分析从不同渠道来的用户是否有共同特征或特殊偏好。一个产品往往有多种用户渠道,那么用户是从哪里过来的?是产品首页、活动页、公众号、推荐、邀请链接还是广告?行为来源提供了重要信息,对每一个行为来源做好标注,在拿到来源数据后进行进一步的行为关联,就可以得到一个完整的用户画像。

(3)行为关联

用户属性与用户行为的关联是建立模型的基础。以用户 ID 为核心,从来源到属性再到行为进行关联,并根据自身产品的情况设定不同的权重(见图 2-16)。通常将用户在产品中最核心的交互点的权重值设置得最高,通过筛选可以迅速找到最活跃的核心用户群体,并将次活跃的群体向活跃群体转化。

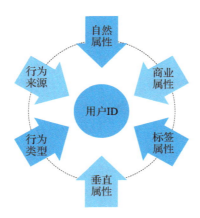

图 2-16 用户行为关联

2.4.2 用户数据建模

1. 数据清洗

与数据相关的工作听起来是偏技术的工作。确实，对于海量数据，人工整理效率很低。然而前面提到，运营人员要进行高频的用户分析，但通用的建模时间长，流程长，比较难个性化。可以从数据平台中进行抽样，在特定时期抽取随机样本，再根据随机样本估算出用户画像的大致分布。这样做虽然会有一定的偏差，但具有实际指导意义。

所谓数据清洗，主要指的是将冗余、无效的信息剔除。当渠道来源比较杂的时候，部分用户在留下数据时想要隐藏真实信息，这就可能会出现 0 岁或 99 岁这样的极端值。我们应当将这种极端值从样本中移除，并据此做一些修正，用修正后的数据建库。

2. 建库与映射

将清洗过的数据梳理成不同维度的队列，输出成标签，再将标签与用户 ID 进行映射。其中用户 ID 有唯一的标识码。基于这个标识码，将用户的所有属性和行为抽象为不同的标签，再根据标签与用户 ID 的映射将用户进行聚类，进行模型输出。

通过数据清洗、建库与映射、模型输出，我们可以得到满足分析需求的用户画像。对于产品经理和运营人员，最终呈现出来的可视化画像一般如图 2-17 右图所示。大数据层面的画像维度更多，可信度也会更高。

分析图 2-17 所示的用户画像，我们能得出什么结论呢？在性别上，男性用户占比 56%，女性用户占比 44%，可知这款产品的男性用户占比高于女性用户；在教育程度上，使用这款产品的用户中本科及以上人群占比为42%，可知这款产品面向的人群学历相对较高（相比全网网民教育程度）；在年龄上，18～35岁人群占据了60%，可知年轻用户是这款产品的主要消费群体。

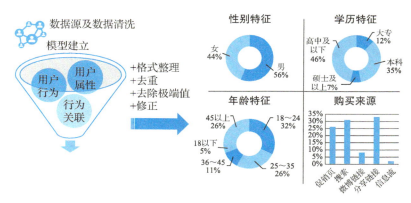

图2-17 用户画像模型示例

3. 标签化模型输出

大致判断出用户属性特征后，再看一下用户的转化消费来源。在消费来源中，转化占比最高的是分享链接，次高的是搜索，与之接近的是某个促销页，最低的是信息流。这就给出了这款产品的画像：以教育程度较高的男性为主的年轻群体，且该用户群体喜欢通过分享拉新的产品。

2.5 用户画像在运营中的应用

前面我们了解了用户画像的建立方法和流程，接下来看一下如何应用。这里从用户路径和用户层级两方面来说明。

1. 用户路径中的用户画像应用

先回顾一下图1-4所示的用户路径。在整个用户路径中,从拉新开始,到用户引导、留存和转化,以及后期的用户维护,要想最大效率地让用户增长,都需要用户运营的介入。那么用户运营以什么为依据提高运营效率呢?

在每个环节的分析过程中,以用户画像为指引,用户运营能够发现用户特征,有效提升用户增长空间。

举例来说,用户运营可以根据活跃程度为用户打标签,并将标签关联到用户画像,也就是将用户按其在用户画像中的活跃层级做好分类。下面具体介绍不同用户层级下用户画像的应用方式。

2. 不同用户层级下用户画像的应用

如图2-18所示,按照活跃层级,可以将用户分成潜在用户、活跃用户、忠诚用户和流失用户四类。

图2-18 根据活跃层级的用户分类

（1）潜在用户的画像应用

潜在用户一般指的是对产品有需求但暂未使用产品的用户。针对潜在用户，我们可以做一下受众分析，由受众数据得出用户画像，就可以描绘出吸引这类用户的营销点，进而调整营销内容或激励政策以促进潜在用户使用产品。

（2）活跃用户的画像应用

针对活跃用户，可以着重进行来源分析。渠道进行无差别拉新，然而不同渠道来源的用户在产品里的表现和活跃程度都不一样。在资源有限的情况下，资源必定是优先投入到用户质量高的渠道以最大化资源的利用。而这样的资源优化对后面的用户成长和用户转化也有正向增益。

（3）忠诚用户的画像应用

忠诚用户是用户运营的核心资源，而用户画像是帮助用户运营维护用户梯队的利器，保持对忠诚用户的行为的关注，用户运营可以即时调整针对他们的策略。

（4）流失用户的画像应用

针对流失用户，最重要的一点在于分析出流失的原因，是他们不是产品的目标用户，还是产品没有满足他们的需求。了解到这些用户群体的特征，就可以针对流失用户的行为特征进行分析，决定是放弃还是努力召回。

3. 应用示例

回到图 2-17 所示的用户画像模型。假设这是一款旅行类产品，提供旅行信息和服务，产品定位是年轻人的旅行类产品。运行3个月之后,再看这款产品产出的用户画像能否为产品经理和运营人员提供指导。

首先看一下年龄特征是否符合产品最初的定位。如图2-19所示,年轻用户群体占比最大,初步判定符合产品定位。但由性别特征可以发现,男性用户占比要高于女性用户。而对于旅游类产品来说,女性群体也是重点消费群体,因此在实际运营中可以针对女性用户进行优化,推出相应的活动和产品。

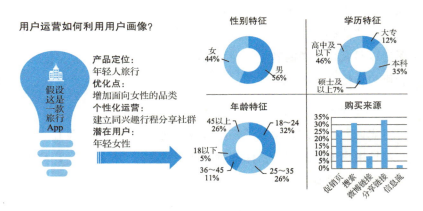

图2-19 用户画像的应用

这个初步分析不一定会主导后续的产品边界范围,因为即便产品的用户群体以男性居多,也并不代表产品就一定要定位在男性用户群体上,这样会使得用户增长空间直接减半。以京东为例,京东的前身叫360buy,主打电脑、手机等3C类产品。从这一点上来讲,用户群体以男性用户居多属于正常范围,毕竟对数码兴趣浓厚的群体以男性居多。而从后面京东的一系列动作可以看出,京东在从偏垂直的方向往全品类拓展,直接面向整个日用品市场。

回到这个旅行类产品用户画像的例子,除了可以拓展女性用户,我们还可以得出什么结论呢?从用户来源上看,目标用户群体比较容易做出分享行为,因此可以尝试建立相同兴趣的行程,通过激励行为鼓励分享,进而一方面促使活跃用户持续活跃,另一方面进行拉新。

举个例子,如果某个行程收藏的用户很多,且有活跃用户去过并分享过行程攻略,那么就可以将活跃用户产出的内容推荐给收藏用户,刺激他们在产品内完成从消费内容到消费服务的转化。

将可能会产生联系或可能会有分享内容与服务需求的用户连接到一起,携程已经做了这样的尝试。2018年我在携程上预订过几次出境机票,发现它会在航班起飞前将同一航班的人组织到一个微信群里,在机票往返行程间保持群的活跃,在返航后自动解散群。虽然我个人不是分享行程类型的用户,但是出于对新型营销模式的好奇,我加入了其中一个群。我发现里面的用户比较活跃,会积极分享自己发掘的当地景点,而官方会在里面推广携程的当地服务。

携程通过将类似场景的用户进行关联,为自己和用户都提供了互换信息的关联渠道。因为有着相同的行程,这些用户会有一些共同特征,因而有相对较强的信任感和归属感,这也便于官方在社群里进行产品转化。

针对示例中的旅行类产品,既然分析的初步结论是扩大女性群体,那么我们就可以依据此目标找到女性用户群体对旅行类产品的关注点在哪里,并寻找女性群体较多的平台进行初步的核心用户挖掘,以扩大用户增长空间,使得用户画像更符合产品的策略方向。

第3章 | CHAPTER 3

用户成长体系

第 3 章 用户成长体系

第 2 章在介绍用户画像的应用时提到了用户分层的概念。从产品的长线角度考虑,要做好精细化营销,提高用户在产品里的价值,用户分层是必不可少的一环。而用户体系恰恰是一套用于形成用户分层的规则。从用户运营的角度来看,用户体系分为两个重要的方向——用户成长体系和用户管理体系,如图 3-1 所示。

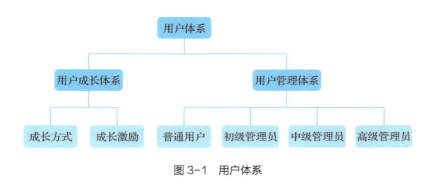

图 3-1 用户体系

这两个用户体系的用户范围和成长目标不同。用户成长体系面向全部用户,是以"维持并提升用户对产品的使用频次"为目的而设计的规则。而用户管理体系面向产品的核心用户,是一套以增强用户归属感和成就感,从而让用户在产品上投入比普通用户更多精力为目的的管理模型。

两者的区别仅在于用户范围与培养目标不同,并不是互斥关系,因此会存在同一个用户既在用户成长体系里成长又在用户管理体系里成长的情况。

本章及下一章就来分别介绍用户成长体系和用户管理体系。

3.1 什么是用户成长体系

3.1.1 用户成长体系的定义

用户成长体系是一种将用户行为数据化,进而划分用户层级,根据不同的数据给出相应的用户等级和用户权益,并利用等级和权益促进用户活跃,提升用户对产品的忠诚度的运营手段。

用户成长体系的主要目标是增强用户黏性,提升用户活跃度。通过一套积分规则与用户行为进行关联和绑定,并及时给予反馈,让用户感受到与产品共同成长的喜悦,从而达到使用户长期活跃的目的。所有游戏产品中的经验值累积、等级提升都属于典型的用户成长体系。

在一般的产品周期里,用户成长体系是在用户逐渐增多之后才显示出其重要作用的,在初期其提升用户活跃度的作用并不明显。即便如此,在运营初期就考虑好一套完整的用户成长体系十分必要,因为在用户增长到一定数量之后才开始考虑搭建用户成长体系,即便搭建好了,让用户重新理解和适应的迁移成本也很高。相比较而言,在初期就搭好成长体系,之后再在其基础上增加更多的玩法,这样不仅更容易被用户接受,而且可以及时沉淀用户。

提起迁移成本,我想到自己曾经运营过的一款产品——米吧,这款产品就是因为用户迁移问题而错失了一个非常好的孵化新产品并沉淀用户的时机。米吧的前身是米聊里的一款应用,当时米聊产品进入成长上升期,用户量稳步提升,随着用户活跃度的提升和社交需求的增加,在产品内部孵化出了一款新应用——

米聊热点。

起初这个模块只是基于 LBS 将用户聚集在一个简易的社区应用里,后来随着用户需求的增加,用户已经对此产品模块产生了社交链,并有明确的成长需求(如等级、等级对应的权限(如置顶、特权)等),而集成在米聊里从体验和功能上皆已经无法满足用户的成长需求,因此产品线决定将这些用户迁移到一款独立的社区应用,这就是米吧。

开发独立的应用来承载更多的用户诉求本身是合理的判断,但早期没有将已有用户的成长预期对应到新产品的用户成长体系中,而整个迁移过程又过于漫长,用户对新产品与原产品的差异、联系、成长路径都很迷惑,导致新应用开发完成后,在迁移用户的过程中原应用用户流失了 70%。错过了新应用冷启动时期的原始用户积累,后面的新增用户成本成倍增加。这里,假设在最初迁移时考虑到用户在新产品中的成长路径与原产品模块的对应关系,并在一定周期内快速完成迁移,用户流失率应该不会如此之高。可见在做一款新产品之前,规划好用户如何在产品中成长和得到激励是十分关键的。

3.1.2 用户成长体系的 2 个要素

1. 成长方式

作为成长体系框架的第一部分,用户成长的功能是随着用户使用产品的深入,让其直观感受到自己与产品之间越来越深刻的联系,从而产生依赖,进而持续使用。在目前主流的产品中,但凡有意识让用户持续使用自己产品的,都会设定、运营一套用户成长体系。不同产品之间的区别在于设定的用户成长方式及成长激励是否足够合理，而这决定了是否可以利用这套健康的成长体系来持续吸引用户。

　　这里我们以阿里系的用户成长体系为例，看一下阿里系产品对用户成长体系的设计思路。从最开始的淘宝积分，到现在淘宝、支付宝、飞猪、蚂蚁金服等多个用户成长体系合纵联合（见图 3-2），以及进一步分层并设计更上一层的用户权益，阿里系产品精准贯彻了通过成长体系激励用户持续在产品里活跃的方针。

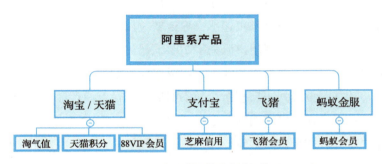

图 3-2　阿里系产品的用户成长体系

　　如图 3-2 所示，阿里系的几个重要产品已经有了各自的用户成长体系，而当用户数增长到一定程度时，原有体系的用户成长方式和激励遭遇瓶颈，因此阿里又将用户成长体系进行了一定的整合和统一，并在原有体系的上游增加了新的体系——88VIP 会员，继续拓展，让用户有进一步的成长目标。

　　在用户成长体系的核心产品价值中，对产品核心模块的巩固作用是一项重要价值，这一点在阿里系的用户体系中也得到了体现。淘宝和天猫的核心产品模块是购买，核心在于基于购买模块及与其相关的不同用户行为提供用户成长路径；而芝麻信用是另一套体系，核心在于对支付宝产品的应用深度，使用场景越多，用户积累的数据越多，则成长得越快；蚂蚁金服则是一款金融产品，核心在于让用户投资，因此投资的金额、时长是用户成长的方式。

在阿里系的产品矩阵发展到如今的用户规模之前，每个用户成长体系是孤岛的状态。比如，在最初以淘宝积分、天猫积分为主要成长体系的时期，用户成长基本是单维度的，是仅仅为了刺激用户使用核心功能——购买而搭建的。基于此目标，淘金币这种虚拟货币相对封闭，除了固定用户，用户感知不明显。

而随着阿里系围绕交易、支付、投资等的产品越来越丰富，用户成长也由单一维度升级为多维度体系，这样做的好处是不再把用户圈在单个产品里，而是通过多方面成长、权益叠加把用户圈在整个产品矩阵里，让他们伴随着整个产品矩阵成长，成为全方位忠实用户。

88VIP 会员

2018年，淘宝88VIP会员横空出世（见图3-3），并高调区分淘气值1000分及以上的用户和淘气值1000分以下的用户，引起热烈讨论。88VIP会员是不同于阿里已有用户体系的更上一层的会员体系，淘气值达到1000分的用户每年用88元即可兑换超值权益，而淘气值在1000分以下的用户如果想拥有同等权益，需要花费888元。

图3-3 阿里成长体系分层——88VIP会员页面

一时间,关于88VIP会员的各种说法此起彼伏,"淘气值1000以上的用户都是有钱人"被定性和调侃。同时,用户都在疯狂分享"如何快速将淘气值提升到1000分,从而用超值的价格享用88VIP会员的权益"。各种攻略顺势而生。而面对各种解读,阿里官方给出的说法是:淘气值不是一个可以简单累积的分值,是集合了用户购买、资料、信用等多个积分体系而计算出来的分值。简单来说,多使用阿里系产品,多用阿里的服务,才能多涨淘气值,从而拿到更多权益。

2. 成长激励

在用户成长体系中，成长方式是第一个重要组成部分，起到刺激用户持续使用产品并做出用户分层的作用，而成长激励是成长体系的另一个重要组成部分，起到让用户获得成就和愉悦的作用。

成长激励指的是当用户在成长体系中做出每个对成长路径有提升的行为时，产品给予用户的虚拟成就和权益。

我们仍以 88VIP 会员为例。88VIP 会员综合了产品矩阵中多个产品的用户行为作为成长路径，同样，在用户激励上，88VIP 会员也提供了在原有体系基础上更上一层的成就和权益。

在成长激励中的成就感上，因为是综合产品矩阵的新成长体系，88VIP 会员首先在等级划分上就给予了用户截然不同的成就感。88VIP 会员的底层用户分层依据是淘气值，对于同样的权益，不同级别的会员购买门槛不一样：淘气值 1000 分及以上的用户每年只需支付 88 元，而淘气值在 1000 分以下的用户必须支付 888 元。拥有 88VIP 会员身份本身就给了用户一种等级上的成就感。

而从成长激励中用户关注的权益本身出发，每年支付 88 元或 888 元，就可以得到价值数千元的衣食住行全方位的权益，这些权益让用户将这个会员体系与高价值联系在了一起，驱使用户更为积极地参与到整个成长体系中。

用可预期的成长方式让用户参与到成长体系中，用成就感和权益（成长激励）拉动用户持续在产品矩阵中成长，这两步可以将用户拉到产品的生态链中，稳稳地圈住用户，这也是在考虑搭建用户成长体系时应重点关注的两个关键组成部分。

3.2 用户成长体系的价值

用户成长体系无论是对于产品本身还是对于用户，都有着重要作用。

对产品而言，用户成长体系的主要价值在于提升用户的参与感，提高用户对产品的忠诚度。成长体系一般都是围绕着产品的核心功能设立的，因此它还可以提升产品核心功能的转化率。在用户数据积累到一定程度之后，成长体系本身就是一个很自然的用户分层，使得运营人员进行精细化营销时有的放矢。

对用户而言，使用一款产品是为了获得一定的内容和服务以满足某项需求。而成长体系在满足基本的用户需求的基础上，还可以为用户带来满足感和成就感，以及实实在在的权益。

3.2.1 产品价值

1. 提升用户忠诚度

我们都希望用户尽量多地使用自己的产品，但目前市场上提供相似内容和服务的产品非常多，用户拥有多种选择，很难保证用户只忠诚于自己的产品。这个时候运营的手段就显得格外重要。

作为运营的重要手段之一，用户成长体系提供了提升用户黏性的方法。如果一个用户在使用产品时获得了一定的成长等级，那么当他再次遇到相似的需求时，会趋向于自己已经拥有等级的产品。因为等级与权益挂钩，这已经是被培养出的用户认知。

拿金融产品举例，一个用户在被转化后进行了第一笔投资，并因此获得"VIP2 等级"，且这一等级给出了相应的权益"3 张投资加息 1% 的加息券，2 个月内有效期"，那么当他下次有投资需求时，面对众多的产品，会倾向于选择自己已经是 VIP2 等级的产品。因为他已经默认自己进入了这个产品的成长体系中，不会轻易放弃自己的权益。

2. 提升产品核心功能转化

所有的运营手段都指向最终目标——产品核心功能的转化率。产品核心功能，在社区产品里就是内容生产量和互动量，在电商产品里就是交易量和交易金额，在工具产品里就是工具的使用量，在金融产品里就是投资笔数和投资金额。而运营人员在设计规则时一定是将用户在产品核心功能中的行为作为成长等级的分数设定的，因此用户成长得越多，产品的核心功能转化率就越高。

3. 进行用户分层

第 2 章介绍了用户画像对于用户运营的重要性，其中有一点是通过用户画像对用户分层，进行精细化运营，以提高用户转化率。而用户成长体系是有目标地根据设定好的行为来对用户进行分层，以降低用户模型的建立成本。

这一点很好理解。假设我们把用户分为 6 个等级，即 VIP1～VIP6。在设定时，根据用户的访问频次、核心功能使用情况，可以将 VIP1、VIP2 分别设定为初级、初级+，将 VIP3、VIP4 分别设定为中级、中级+，将 VIP5、VIP6 分别设定为高级、高级+。在已知不同层级用户的使用频次的情况下，可以据此观察不同层级用户的实际转化情况，并根据已经分好的用户行为设计将初级用户向中级用户转化的可行路径。

3.2.2 用户价值

1. 获得个人成就感

好的用户成长体系绝对不是仅对产品本身有价值和增益的单向规则。为了提升产品活跃度，天天让用户签到和分享，使用产品 2 小时以上，虽然这样对产品本身是有价值的，但是用户却会感到疲惫不堪，很有可能在巨大的压力下放弃。因此在设计的过程中还要考虑成长体系对用户的价值。对于用户来说，伴随产品的成长，自身也得到成长，这是可以从精神上获得成就感和满足感的。

这一点对于教育类的产品格外有效。假设有一款记单词的软件，用户在学习过程中得到等级提升和学习勋章，就不只是获得了需求满足，而更多的是在长期坚持下所获得的在需求满足之上的更深刻的精神满足。

2. 获得权益

在成长体系中，用户成长本身可以带来成就感，但这并非适用于所有产品的灵丹妙药。比如电商类产品，用户的核心行为是购买，基本的设计思路是买得多等级就高。随着用户的成长，用户等级升高，单纯显示等级，用户可能还会对自己的败家行为感到懊悔，嚷嚷着要"剁手"、卸载软件。虽然用户只是开玩笑，但其背后的真实意图可能是希望合理化自己的行为。而合理化用户行为的方式就是根据用户的等级给出更多的权益。

对于电商类用户，等级越高意味着用户的消费越多，因此随着等级的提升给出用户优惠、抢先买、会员特权等权益，给用户营造出"买得越多越便宜"的心理预期，就合理化了用户的消费行为，让用户消除了焦虑感，在心态上将购买行为当成"长线投资"。

围绕提升产品价值和用户价值搭建一套完整的用户成长体系，是用户运营中提升用户活跃度和忠诚度的有效手段。

3.3 如何搭建用户成长体系

用户成长体系如此重要，我们需要如何搭建呢？首先我们再看一下这个体系的目标——维持并提升用户使用频次。在宏观上，用户成长体系的搭建有两个关键部分，即用户在产品里的成长方式和成长激励。虽然用户成长体系与用户管理体系都是为了创造用户联系以促进用户活跃，但用户成长体系更偏重用户个人与产品之间的关联，因此成长方式和成长激励都是基于用户与产品的。

3.3.1 用户成长体系的 4 个设计要点

在整个成长体系的两大关键组成部分的基础上，我们可以把用户成长体系分为 4 个设计要点，如图 3-4 所示。其中，用户分层和成长路径规划（权重配比）属于成长方式部分的要点，而用户激励和权益设计则属于成长激励部分的要点。成长路径规划

（权重配比）是成长方式部分的设计难点，而权益设计则为成长激励部分的难点。

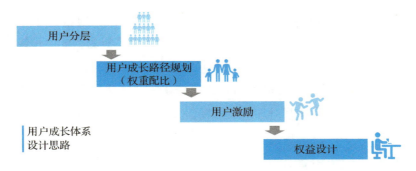

用户成长体系设计思路

图 3-4　用户成长体系的 4 个设计要点

1. 用户分层

在第 2 章中我们介绍过，根据用户行为进行用户分层，可以为运营人员提供精细化运营的可行性。因此，对于用户运营来说，了解自己的产品并设计好用户分层相当于打造了一套运营导航系统，让自己能实时明确产品用户处于什么位置，以及处于不同位置的用户还有多大的转化空间。

用户分层是不是简单地分一下等级（如 1～10 级）就可以了呢？从命名上来讲，如果产品本身没有什么特别强的属性，这样看起来也没什么问题，但对于用户分层来说，重要的不是向用户展示等级提升，而是了解不同等级的用户处于什么位置。

而除了按照用户行为产生的数值进行用户分层，很多时候还可以根据不同的产品类型按照活跃度和付费情况来划分，如图 3-5 所示。

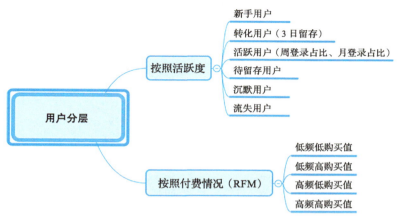

图 3-5 用户分层

（1）按照活跃度划分

以活跃度来进行用户等级划分的产品居多，然而这样的划分对于用户分层来说是不够的。除了用户活跃度这个维度，针对付费用户应该再进行一层用户分层。说到用户等级，运营人员就能想到 1 级、2 级等，这是针对用户的展示层面的等级，而真正有助于用户运营进行用户划分的则是等级背后的用户分层。

按照用户活跃度的分层主要适用于以用户数量为核心的产品，这类产品的用户等级是以用户运营的核心指标来分类的。在用户运营的核心指标中，用户的转化率、活跃度、留存率都是关键指标，因此用户分层可分为新手用户、转化用户、活跃用户、待留存用户、沉默用户和流失用户。

下面以猫扑为例来分析以用户数量为核心的产品的用户等级（见图 3-6）。在猫扑运营的早期，猫扑的用户体系就覆盖了完整的用户周期，其等级提升的依据为社区核心指标——发/回帖数量。

称号	对应积分
死猫（0级）	0以下
野猫（1级）	0～9
小猫（2级）	10～29
中猫（3级）	30～99
大猫（4级）	100～299
波斯猫（5级）	300～999
通灵猫（6级）	1 000～1 999
多罗猫（7级）	2 000～4 999
九尾猫（8级）	5 000～9 999
伤不起的猫（9级）	10 000～19 999
猫王（10级）	20 000～49 999
传说中的猫（11级）	50 000～99 999
天外之猫（12级）	100 000～199 999
神一般存在的猫（13级）	200 000～499 999
猫族守护神（14级）	500 000以上

图3-6 猫扑用户等级

从图3-6中猫扑向用户展示的等级说明可以看到，在根据用户活跃度划分的6个运营视角的用户分层基础上，猫扑根据自己的社区属性又细分了15个用户视角的用户等级。社区类产品的核心价值是吸引更多的用户在产品里产生内容和交互，通过聚集用户来实现产品的商业价值，因此更为细化的用户等级划分的好处是拉长了用户成长的阶段，同时也对用户的分层更为细化，可以有针对性地进行运营，提升用户的活跃度。

市面上不以用户交易为核心功能的产品都适合于按照用户活跃度进行用户等级划分，而以交易为核心功能的产品则更适合于按照用户付费行为进行用户等级划分。

（2）按照付费情况划分

对于以交易为核心功能的产品，单纯依据用户是否经常浏览是无法判定产品核心价值的,而要依据用户的付费情况来判定产品价值是否得到持续提升。既然用户成长体系是为了提升用户使用产品核心功能的频次,那么以用户付费情况来进行用户分层是比较合理的。

如图 3-5 所示,依据用户付费情况,可以按照 4 个大方向来进行用户分层。低频低购买值的是待拉动用户,低频高购买值的是高价值待拉动用户,高频低购买值的是活跃用户,高频高购买值的是核心维护用户。依据不同的用户付费行为进行用户分级,可以更有针对性地提高不同层级用户在产品中的交易数量及交易值,从而提升这类产品的核心价值。

2. 成长路径规划(权重配比)

设计好用户分层之后,就到了用户成长部分的设计难点——用户的成长路径规划与权重配比及算法。在用户进入成长体系后,依据你提供的任务体系,他会不自觉地使用你期望他使用的产品功能,进一步成长。

(1)路径规划

之所以说用户成长体系路径规划是成长部分的设计难点,是因为在进行用户分层时,分好的类别只是一个称谓,如何达到这个称谓才是用户关注的。图 3-7 给出了依据用户路径和用户分层的常见路径规划。

①新手任务

在一款产品的成长初期,新用户的体量一定是远大于老用户的,这也是拉动用户进入成长体系、积累用户数据的绝佳阶段。因此在面对新用户时,一定要抓住这个时期给出用户新手任务。

在新手任务环节里，需要注意的是不能给用户过高的负担。假设一个新用户因为需要某种服务而下载了产品，但一打开产品就面对一大串的任务列表，他就很容易因过高的心理负担而流失。因此新手任务以让用户熟悉产品功能为主，在用户已有动线里顺势给出用户激励，让用户一步步进行转化与成长。

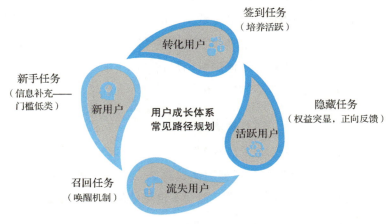

图 3-7　用户成长体系路径规划

② 签到任务

对于处于转化阶段（使用过产品但不活跃）的用户，签到类的任务可以起到培养其习惯的作用。一方面，持续签到可以培养用户忠诚度；另一方面，在签到页面依据用户数据进行个性化内容和服务推荐，可以让用户无抵触地自发成长。签到类任务的实现方式多种多样，从最简单的功能模块到游戏式的签到类任务，通过在产品的不同页面给用户推送签到福利，促进用户持续活跃。

③隐藏任务

活跃用户的特征是对产品比较了解，对产品的价值比较高。在运营这部分用户时，最大的风险就是他们由于感到乏味而逐渐流失。隐藏任务是比较好的避免用户产生乏味感的手段。无论是新的功能体验还是差异化权益，只针对这一用户类型的限时任务会让用户认为自己还有更广阔的成长空间，从而避免成长体系功能受到弱化。

④召回任务

对于已经流失的用户，在一定时间周期内进行召回任务设置是挽回他们的有效手段之一。召回任务可以采用产品本身提醒和活跃用户拉动两种方式。用户流失的原因很多，且他们已经体验过产品的功能和内容，因此在任务设置上，根据用户流失原因分析给出最能吸引用户的任务，突出与用户流失前相比的产品迭代与差异（或内容与服务的更新），可以在一定程度上召回这部分用户。

通过这四种任务，可以把不同阶段、不同层级的用户的积极性都调动起来，以促进用户成长，减缓用户流失。

那么，要如何设置权重配比呢？

权重的设置只需遵循一个原则：**以核心功能的使用频次作为权重最高的选项，其余围绕核心功能的附加功能依次递减。**

例如，对于以用户活跃度为主要产品价值的社区产品，权重最高的应该是用户的优质发帖、回帖（因为优质内容能持续促进用户活跃），其次是正常的发帖、回帖，再次是登录、点赞等轻交互行为。而对于以用户付费为主要产品价值的电商产品，权重最高的应该是用户在产品内的交易次数和金额，其次是对商品的优质评价（因其可以为核心功能带来转化），再次是登录浏览、收藏等其他普通交互行为。

全面的任务设置和合理的权重配比可以为用户成长与产品成长提供一个良性循环，达到成长体系的设置目标。

（2）用户成长体系算法

有了任务、权重和对应用户的等级划分之后，算法公式就有了。最基本的公式是

$$（任务）基础分 \times 权重 = 等级值$$

为每一个任务设定一个基础分，再将基础分与权重相乘，得到等级值。不同的等级值对应不同的等级，等级值一旦获得，就不会负向扣除，除非用户在社区内有违规操作。

然而很多付费类的成长体系，除了基础的累积成长，还包括对用户减少付费进行负向扣除，这是因为这类成长体系是以用户付费情况为核心价值的。以图3-8中QQ会员的成长体系为例，它给出的成长值算法是每日成长值+任务成长值+开通成长值，在此基础上减去非会员成长值下降，也就是说，一旦停止付费，成长值会被负向扣除，用这种方式激励用户持续付费。

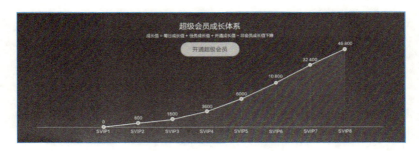

图3-8　QQ会员用户成长体系计算方法

以非付费为核心的产品在设计算法时应当慎重使用这样的方式，防止用户由于负担过重而产生负面效应。

等级值的计算方式有多种，总体来说，用幂函数和指数函数算法的居多。互动行为多，等级较多的用幂函数；互动行为少，等级也较少的用指数函数。

计算的方式一般是，预估一下每日成长值上限、等级数、体系周期时长，将不同产品类型代入函数来调整每个等级的比例。

常见的等级分布应符合正态分布原则，等级最高的用户和等级为0的用户处于两端，绝大部分用户应为中间等级。

3. 用户激励

很多优秀的用户成长体系有一个共同特点：能够让用户在成长过程中及时得到激励，提升用户的成就感。这一点并不难理解，但却被很多有成长体系的产品忽视了。

（1）及时性的重要性

假设一个游戏的成长任务里有一项是完成10回合游戏，如果10回合以后没有明显的任务完成提示和任务带来的成长值及相应权益，那么用户的成就感就无法得到满足。这会让用户认为产品并不重视成长体系的价值，在下一次有类似任务的时候他们参与的积极性就会下降。可见及时性激励多么重要。

（2）周期性的重要性

用户运营往往会对新手引导足够重视，而对于老用户重视程度不够。然而从用户价值的角度来看，维系老用户持续活跃也是一项不容忽视的工作。因此在成长体系的用户激励场景中，周期性激励就起到了关键作用。

(3)用户激励的及时性和周期性场景

在图 3-9 给出的 6 个场景中,前三个对应着用户激励的及时性,后三个对应着用户激励的周期性。

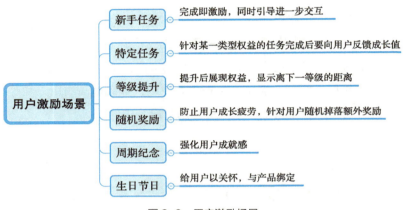

图 3-9 用户激励场景

新手任务是成长体系的开端,作用是让用户迅速适应产品的核心交互,因此在用户完成新手任务之后,是及时提醒用户进入体系的第一个场景。

常规的任务设置中有主线任务和特殊任务。很多产品的主线任务反馈设置比较完整,但对于一些特殊的活动类任务,往往没有在任务完成之后提供及时引导和反馈。最常见的就是完成任务得到的权益用户不能感知,或者没有稳定的路径可以查看。这是需要注意的第二个用户及时反馈场景。

在等级提升的及时反馈中,提示已经升级到多少级别是第一层信息,而用户升级经历了多久,等级超越了多少用户,新增的等级权益是什么,保住级别所需完成任务的紧迫性等,都应随着第一层信息提示同步展示给用户。

随机奖励、周年纪念、生日/节日福利都属于根据不同用户类型给出的用户关怀，目的在于加强产品与用户之间的关联，增强用户参与感，让用户明确感知到自己在产品中的重要性，从而提升用户对产品的忠诚度，达到成长体系的目标。

4. 用户权益设计

用户权益是用户成长的原动力，而用户成长体系的目的是让用户持续、高频地使用产品核心功能，因此用户权益设计就承担着为用户成长体系提供动力的职责。用户权益的设计需要遵循两大原则：第一，围绕产品目标；第二，可以与核心功能实现闭环。

产品追求的目标主要有两个：用户量和收入。因此，权益设计需要让用户更加愿意与产品产生联系，并且能够刺激用户消费。用户权益设计如图3-10所示。

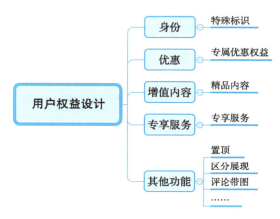

图3-10 用户权益设计

（1）身份

产品用户量的增长一方面来自新用户的增加，另一方面来自用户黏性的提升。在5种用户权益设计中，身份权益对应的就是提升用户黏性的目标，用户在互联网产品里对于身份是十分敏感的。配合上用户排行，特殊的身份标识就更能激发用户持续使用产品以获得成长值。

在腾讯最初推出QQ等级时，为了追求VIP等级的提升，很多用户即使不使用QQ也会24小时挂机，以通过等级来凸显自己身份的与众不同。这就是身份标识带给用户的刺激。

（2）优惠

还有一种典型的用户权益是优惠，这类权益的主要目标是提高产品收入。优惠权益可以为产品核心交互提供更多吸引用户复购的方式。我们熟知的京东PLUS会员、外卖会员，都是通过付费会员的方式让用户感受到超过会员费价值的权益，在让用户付费成为会员的同时设计一些环节来提升复购率，从而让用户和产品同时获益。

（3）增值内容

常见的增值内容有视频站点的付费会员内容等。由于增值内容的成本较高，用户需要额外付费加入付费会员体系才可以享受。付费会员越多，给产品带来的收入就越高。在这种场景下，用户权益与产品收入之间有了正向关联。

（4）专享服务

网盘的视频上传、极速下载等付费功能是典型的专享服务权益。免费用户通过级别的提升获得专享服务，产品提升了用户活跃度和用户使用时长；付费用户依据付费等级获得专享服务，产品获得商业收益。

（5）其他功能

除了以上权益之外，用户还可以通过不断成长免费获得部分产品的功能权益，比如一些社区的置顶、免费下载付费内容等。这类权益给产品带来的主要收益是用户量的增长。

这五种权益在设计上与产品目标保持一致，在功能上与核心交互闭环。身份与其他功能既是增强用户黏性的方式，也凸显了核心交互；增值内容、优惠则本身就将核心交互中高价值的产品内容进行了区分，增强了用户感知。

3.3.2 搭建用户成长体系的 5 个步骤

在详细拆解了用户成长体系的设计要点后，我们可以总结出搭建用户成长体系的 5 个步骤。

1. 辨轻重：构建与产品相匹配的用户成长体系

产品类型与用户成长体系的搭建有着密切的关系，它决定了用户成长体系的顶层设计，是高举高打、打造收益与荣耀的战场，还是创造氛围轻松、重在用户惊喜感知的娱乐氛围。

我们要分清用户成长体系在产品生态中属于辅助型还是产品型。辅助型的用户成长体系多见于电商类的产品，例如淘宝、京东。这类产品的特点是：用户成长体系是伴随着产品核心功能的完成而不断成长的，它并不能决定产品的成败。而产品型的用户成长体系则大部分存在于社区类和游戏类产品中，例如知乎、小红书、百度贴吧。对于这类产品而言,社区的热闹氛围和内容质量决定了产品的走向和未来。用户成长体系直接与产品的核心功能相连,产品的功能也围绕用户成长体系来打造。通过不断引导用户成长,促进用户在社区内活跃;通过产品功能的阶段设置,激发用户主动成长,从而获取更多的权限与资源。

2. 定指标:找到围绕核心目标的关键指标

关键指标的设定要与产品的核心功能与定位联系起来,看产品重点关注哪些用户行为,希望用户完成哪些操作,以达到产品的最终目的。只要是与产品价值有关并且能在用户行为中发挥关键作用的,都可以作为关键指标。如何合理分配这些指标的权重是需要重点关注的。切忌模型搭建得过于复杂,导致用户因无法判断核心动作而气馁。早期的设计可以简单一些,待成长体系逐渐完善、用户分层效果显现后,再增加关键指标,进行细化。

3. 聚行为:归纳关键指标的多种形态

规划用户行为是指:围绕上一步设置的关键指标,在用户完整操作路径中找到与关键指标相关联的动作。比如将用户活跃度设置为关键指标,那么与用户交互行为相关的行为,如点赞、评论、转发、收藏、关注等都可以作为参考行为。

4. 细量化:用户行为与成长相关联的数据逻辑

对纳入用户成长体系的用户行为进行拆解、量化,将量化好的数值与体系中用户升级的数值进行匹配。首先需要将用户行为量化为一个统一的数值,例如经验值、积分、成长值。

设置好后模拟用户行为的全过程,并计算一个用户完成一次操作可获得的最大和最小积分，进而根据产品的周期与运营策略，确定用户升级所需花费的经验数与合理的升级天数，并制定上限。

5. 勤引导：做好用户成长的"教育""教学"及运营

产品要有目的地引导用户完成产品期望的行为，需要注意这些行为的操作门槛不能太高，要具备可行性，用户操作的成本要低于获得的收益，这样用户才有动机。在引导用户完成这些操作方面，除了初次进入 App 时的引导页，还要有针对性地提醒用户这些行为，例如每日签到提醒、成就达成奖励。除此之外，如果想对用户起到示范作用，可邀请 B 端知名 KOL、机构、达人等参与教学，或在用户中选拔一位种子用户并将其培养成典范，以激起用户的攀比心理，进而促进用户活跃，增强用户黏性，带动用户消费。

第 4 章 CHAPTER 4

用户管理体系

用户体系包含两部分：用户成长体系和用户管理体系。其中，用户成长体系的价值和搭建方法已在第3章中介绍过，本章将讲解用户管理体系的价值和搭建方法。

4.1 什么是用户管理体系

用户管理体系是一套从用户中挖掘并招募部分用户，给予其一定的官方管理权利，让其协助官方运营人员管理社区类事务的管理模型。用户管理体系的管理模型呈金字塔状，如图4-1所示。

图 4-1 用户管理体系模型

4.1.1 用户管理等级体系

普通用户、初级管理员、中级管理员、高级管理员构成了基础的用户管理等级体系。

管理体系的分层因用户运营目标的不同而有显著差异。在社区型产品中，可以将促活、激励、惩罚这三个用户运营目标赋给不同层级的用户管理员，以保证用户管理的目标与产品的目标协调统一，从而最大限度地激发各用户管理层级的能动性，使社区氛围、发文活跃、社区生态、小型聚落乃至话题等不同粒度的产品都能从用户管理中受益，既能通过用户管理保证产品的繁荣，又能增强用户黏性，进一步巩固核心用户的忠诚度。

例如，初级管理员仅具备审核话题、发文、评论权限以及新开超级话题、群聊房间等特殊权益，保证了最大的用户管理群体是面向普通用户的，旨在促进产品内容的繁荣和用户活跃，其所具备的特殊权益能够吸引普通用户遵守社区规定，努力进阶为初级管理员，以及在管理员带动下为社区贡献更多内容。

中级管理员则具备激励体系赋予的权力，包括置顶、加精华、设置首页推荐、降低发文限制、进行特殊标志用户认证、分配特殊产品功能权限等。让核心用户来把握产品调性，为用户激励体系增加人性化管理，比简单的用户积分体系更能激发用户的归属感、认同感。

惩罚是社区运营中最高的用户管理权限，掌握着"生杀大权"，即用户在产品中的活跃周期，因此用户运营在设计惩罚体系时，需要关注最核心的用户问题，赋予一小部分用户高级管理员权限（如版主、吧主、高级管理员等），且需要明确该权限的"权限"，并有的放矢地将该权限与产品的用户运营相关联，避免放权导致滥用，事无巨细导致最核心的用户被工具化。

4.1.2　用户管理模型的 3 个要点

1. 用户管理人员要从用户中挖掘

从用户中挖掘，而并不是从社会中招募兼职管理人员，优势在于选出的用户有一定的用户基础，他们不仅在管理其他用户的时候更容易让人信服，而且具有示范作用，能让其他用户有一定的期望与目标。

如果从社会上招募兼职管理人员，用户对于这种"空降"的管理人员未必信服，往往会增加用户管理成本。此外，社会上的兼职人员是以获得报酬为根本目的的，很难真正从社区本身出发衡量自己所做工作的价值和成就感。如果从社会上招募兼职管理人员，假设一个月的兼职报酬为1000元，兼职管理人员会衡量自己所做的每一项工作（如每天处理××篇帖子，找到××条优质内容等）的价值，这种虚拟和现实交错的衡量方式会导致他们无法真正投入，且一旦有一些细节失衡，会影响用户体验，既不利于用户的成就感提升，也不利于社区的良性发展。

2. 分离出风险可控的权力并将其赋予用户管理人员

这里，"风险可控"是说官方管理人员一定要设定一些兜底措施。早期在社区中，随着等级的提升，用户管理人员获得的权力越来越接近官方管理人员，导致部分用户管理人员过度干预社区的内容，比如加精华、推荐、删帖、封禁用户等。随着权力的不断扩大，部分用户管理人员还会拉帮结派，利用手中的权力干涉用户正常的发言和行为，而如果官方管理人员没有留好兜底措施，不能惩罚不当管理，恢复普通用户权益，则会导致产品口碑下滑、用户集体出走、品牌形象受损等难以挽回的局面。

3. 用户管理体系应是一个流动的体系

用户管理体系应是一个流动的体系，用户管理人员的正常进场和退场可以保证系统的可持续性。

一方面，对于用户管理人员而言，虚拟社区相当于另一个社会系统，即使他们十分享受作为管理人员在这个系统中的成长过程，但也不可避免在现实生活中会有各种各样不可预测的情况。如工作突然繁忙、家中有事，或者随着在现实生活中的成长，社区、产品中吸引他们的内容逐渐减少，这些都有可能导致用户管理人员离开。另一方面，随着普通用户的增多与成长，会涌现出更多对管理有热情的用户，如果一直得不到回应，他们会失去热情，而社区将白白丧失可能会给社区增添光彩的新管理人员。因此在搭建管理体系的机制时，一定要保持流动状态，让已经不活跃的管理人员"毕业"，让有热情的新人进入体系，继续成长。

关于用户管理体系，我通常拿社区管理举例，这主要是因为用户管理团队最早的规模化、体系化运用就是在社区类的产品里。其实也不难理解，我们可以看一下这类产品的逻辑：用户在产品中生产内容供其他用户消费，其他用户再基于内容进行二次创作和互动，通过不断地生产内容、消费内容、二次创作，造就产品生态上的繁荣，吸引更多用户持续使用产品，并随着时间的沉淀拥有自己独特的文化属性。

在这种产品逻辑下，产品的核心价值在于内容和用户之间观点的碰撞。而随着用户量的增加，用户生产的内容质量参差不齐。虽然大量优秀的内容可以繁荣社区生态，但生态繁荣带来的流量会吸引大批借势的用户批量发一些无用和低质信息，如果社区管理混乱，这些垃圾信息会对社区产品产生负面的影响。从用户中寻找管理人员协助官方运营管理社区是自然演化出的体系。

不同类型的互联网产品不断发展，产品形态也经过了几次升级，虽然当前用户在产品里的交互形式已经与过去大不相同，但这种自然演化出的用户管理体系却固定了下来。不仅如此,用户管理体系也从简单的辅助管理内容发展成连接用户与官方运营人员的桥梁之一。

4.2 用户管理体系的价值

与用户成长体系一样,用户管理体系的价值也包含用户价值和产品价值。**用户价值**主要包括让用户获得成就感以及满足用户被认可的需求,而**产品价值**可以细分为四部分:拉拢核心用户,解放用户运营人力,提供更多优质内容,稳固用户之间的社交链(见图 4-2)。

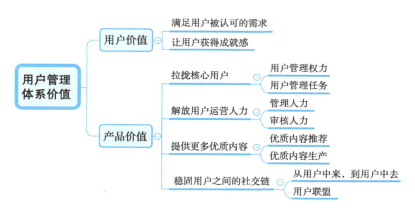

图 4-2 用户管理体系的价值

4.2.1 用户价值

用户管理体系为用户提供的价值主要在于让用户获得成就感

与满足用户在虚拟社区中被认可的需求。这里有一个重点：**在用户管理体系中，用户管理人员遵循的是虚拟社区产品里的价值体系，只有这样才能让用户管理人员在虚拟社区中获得成就感和得到需求满足。**

虚拟社区中地位的提升带给用户管理人员最直接的认可，并在差异化权限中带给用户管理成就感。用户在现实生活中的需求层次遵循马斯洛需求层次理论（见图4-3），在虚拟社区中同样遵循这一理论。所不同的是，在虚拟社区中，用户往往会跳过前两个需求层级，直接从社交需求开始，因为在虚拟社区里不存在生理需求和安全需求的基础。

图 4-3 马斯洛需求层次理论

在虚拟社区中，普通用户的需求主要集中在社交需求层面。在社交需求之上，部分有能力且愿意付出精力的用户加入用户管理团队，很大程度上是希望在尊重需求甚至自我实现需求上得到满足，这就是社区产品在建设用户管理团队时需要帮助这部分用户实现用户价值的关键。

关键1：差异化权限，让用户管理团队成员得到认可。

举例来说，在猫扑社区，用户管理人员分为版主和审核员。版主的差异化权限是可以进行版块内的帖子和人员管理。换句话说，版主可以决定哪个帖子被推荐置顶，获得更大曝光量，也可以决定把哪个用户关进小黑屋。

在虚拟社区中，发帖的活跃用户有内容被关注和认可的社交需求，而用户管理中的版主角色则可以决定谁会被关注和认可。这种差异化的权限可以给用户管理团队强烈的被认可感。

关键2：激发用户管理使命感，将用户管理的工作与社区使命相关联，提升用户成就感。

无论是版主还是审核团队，所有管理人员都有一个共同目标——净化社区环境。前者更侧重于提供优质内容，供社区里其他用户进行消费和分享，后者更侧重于去除低俗内容，维护社区文化的纯净。通过定期在社区中公示肯定的方式对这种与社区共同成长的使命感进行强化，可以给用户带来极大的成就感。

4.2.2 产品价值

如果说用户管理体系为小部分用户提供了自我价值实现的虚拟环境，那么这一体系为产品提供的价值则更适合于解决现实存在的问题。

（1）解放用户运营人力

在根本上，用户管理团队是运用虚拟社区的规则为产品征集的额外的工作人员，其为产品减轻运营负担这一价值是显而易见的。无论多大用户规模的产品，官方运营人员相较于数万、数十万、甚至数百万的用户来说，数量都是十分有限的。

从社区产品价值的核心中可以看出，这类产品的内容质量和社区秩序对产品体验都是至关重要的，因此用户运营人员的主要人力应当分配在这两项工作上。在内容上，虽然系统可自动化完成一些低质信息的过滤，但是内容质量的好坏主要取决于人工排查和审核。很多运营人员有过类似的苦恼，社区里垃圾广告和负面的、擦边的信息防不胜防。这个时候，运营人员需要大量人力协助审核。

而在维持社区秩序上，社区内用户争吵、互相攻击、集体出走等问题更是繁杂、棘手，用户管理团队协助维持社区内秩序，可以为官方运营人员提供无法估量的帮助和支持。

（2）提供更多优质内容

除了主要目标是消灭低质内容的审核性质的管理团队，按照版块进行职责划分的管理团队还可以以版块为单位发掘和引导好的、正向的内容，自行将其选入精选或推荐给官方运营人员，为好内容争取更大的曝光量和流量。由于经常发现和推荐优质内容，用户管理人员对内容的质量会变得十分敏感，这使他们能够挖掘出经常生产优质内容的核心用户，并与核心用户之间产生联系，建立信任，维持核心用户的稳定性，以提供更多的优质内容。

（3）拉拢核心用户

用户管理体系的第三个产品价值在于通过权力下放拉拢核心用户。对于官方运营人员来说，核心用户基本都是基于某一个平台而存在的，平台中的部分活跃用户凭借个人能力吸引其他用户信任和追随，从而在平台上形成一定的影响力。前面提到，提供差异化权限及额外的资源倾斜可以很好地满足这部分用户的内在需求，从而使得平台对核心用户更有吸引力。

由于核心用户的拉拢在用户管理体系中格外重要，因此 7.4 节将详细讲解核心用户的主要特征和拉拢手段。

（4）稳固用户之间的社交链

虚拟平台的意见领袖都遵循从用户中来、到用户中去的原则，既为平台提供个人价值，又在平台中服务于其他用户。正是这类用户稳固了产品中更多用户的社交链，让更多用户忠于产品的同时，实现自己的社交需求。

4.3 如何搭建用户管理体系

了解了用户管理体系的价值，我们下面就来了解用户管理体系的搭建方法。

在着手搭建管理体系之前，需要了解用户管理团队结构，在这个结构下应该建立的搭建流程，以及用户管理团队后续维护的方法。

4.3.1 用户管理团队结构

图 4-4 展示了一个用户管理体系的金字塔模型，模型的结构由五部分组成。用户管理团队的形成方式是从基数最大的普通用户中挑选、培养初级管理员，再逐级考核、筛选出中级管理员和高级管理员。金字塔顶端是用户运营，他们管理着整个用户管理体系。

图4-4 用户管理团队结构

第2章提到，根据用户行为进行用户分层，可以为运营人员提供精细化运营的可行性。因此，对于用户运营来说，了解自己所运营的产品并设计好用户分层相当于给自己提供了一套运营导航系统，让自己能实时明确用户分别处于什么位置，以及处于这些位置的用户还有多大的转化空间。

而用户管理体系则更像是把产品当企业，用户管理模型的目的是为用户运营提供一个产品中子公司的人事架构。在这个子公司里，一个用户运营就像是该公司的高层，他根据公司目标制定规则并招募到适合管理公司的用户，进而搭建一个管理架构，推进公司发展。

如果把用户管理体系比作子公司，那么用户管理体系的管理原则和企业中的"选、育、用、留"原则是一致的。选什么人，怎么选，如何培养，如何准确地使用用户管理人员，设定什么样的机制，如何留住核心人才，这些都是用户运营在搭建用户管理体系时应该考虑的。

这个金字塔模型在猫扑的管理体系中得以实践。在猫扑任职期间，我作为用户运营直接制定猫扑贴贴的用户管理等级，组织梯队，定期考核。

用户管理团队中的人员流动几乎是不可避免的，而层层递进的团队架构更有利于运营人员在面临人员流动时进行操作。

假设团队各个层级的人员完全按照 1 : 1 配置，甚至高级管理人员比初级管理人员人数更多，就会导致最基础的社区管理和维护工作只有少部分人员做，而大量高级管理人员提出的社区贡献计划却无人去落实的状况。

在猫扑做用户管理期间，我一开始并没有按照这个结构来储备初级和中级管理人员，而是相信已有管理人员的稳定性，初级管理人员储备量极少。这导致中途有部分初级、中级管理人员因意见出现分歧而集体出走，最终储备人员不够，使得一些重要板块出现了缺少维护的情况，让用户运营的工作量剧增。在此之后，我注重了初级、中级管理人员的储备与培养，让大量有热情的核心用户试用上岗，只要符合要求就留任。这样不仅使核心用户获得了成就感，也使得在整个运营过程中没有再出现十分被动的状况。

因此从用户管理的落地情况来看，以金字塔模型为核心搭建的梯队是最稳固的。

4.3.2 用户管理体系建立流程

与用户成长体系不同，用户管理体系更像是把虚拟社区当作一家企业，为这家企业的发展招募能够支持社区、产品持续发展的人才。与现实企业相比，虚拟社区里的管理团队在招募上有着天然的优势：你不必等候时间周期很长的候选人招募，已经有潜在人才在等着你发掘和培养了，更别说这些用户群体本身就对自己所在的社区有很高的认可，就等待你给他们一个舞台了。

如图4-5所示，在管理原则中的招募（选）、培训（育）、管理（用）、考核（留）四个环节中，与核心用户强关联的是招募和培训两个环节。而在整个管理体系建立流程中，除了前两个环节，后续还有管理和考核两个环节。

图4-5　用户管理体系建立流程

（1）招募：简历规则，大量储备

在第一个环节，也就是用户管理的招募和挖掘期，除了明确需要选择和培养的核心用户之外，还需要注意做好用户管理人员的储备。这就像企业里的人才梯队培养一样，健康的梯队中每个岗位下应该培养一些预备员工，随时应对可能出现的突然离职或者主动淘汰后的人员不足情况。而在用户管理团队中让人欣慰的是，因为走的不是现实的社会体系而是线上体系，成本和人员预算是可控的。

在这个前提下，随着用户数量的不断增加，预备和正式的用户管理人员配比可以定为 2:1，也就是 1 个正式用户管理人员对应 2 个预备管理人员，以便随时应对人员流失的情况。用户管理团队不同于社会中的企业，尽管虚拟社区不存在明显的用户成本，但也有弊端，即用户管理人员与产品之间没有强制的契约关系，出走成本不高，很容易因为各种各样的原因而流失。如果没有预备管理人员，在交接期内，流失的用户管理人员的工作就只能交给官方运营人员。因此用户运营如果想保持用户管理梯队稳定，需要至少储备线上用户管理人员一倍的人员。

（2）培训：完善培训流程，提供支持

无论是预备用户管理人员还是正式用户管理人员，在准入之前就要接受培训。为了减少用户运营的工作量，将培训标准化，提前建立预期会用到的培训模板，形式可以是网页、PPT 或 Word，讲清楚用户管理人员的职责、考核周期、奖励和权限。在猫扑培养用户管理团队时，我会根据类型将用户管理人员分为审核员和版主，并在培训时把各自的权限和职责都写好，进行标准化输出，提前告知用户管理人员每日任务、功能使用、审核标准、内容推荐标准等，将核心任务高亮标注，让待上任的用户管理人员能够迅速掌握基本的管理工具用法。

（3）管理：给出观察期，及时调整

培训完成之后，在用户管理人员正式上任时，与企业新员工的试用期类似，要为用户管理人员设置一个观察期，以弥补在用户筛选时的疏漏。比方筛选出的用户，有的其实是内容输出型的核心用户，并不具备管理能力，处理不好社区内的用户关系。如果在观察期及时发现，就可以给用户管理人员更换方向，这样既

不会伤害核心用户，也可以给其他用户一个和谐的社区环境，最重要的是能给用户运营工作一个试错的时间周期。

（4）考核：定期发布成绩与福利，提升用户管理人员的成就感

在渡过观察期后，用户管理人员就可以工作了，阶段性考核也随之开始运转。在考核的设定上，一定要非常正式，不仅要按月度考核，公开发布，而且要有强烈的仪式感，在特定位置发布。在用户运营人员有限的情况下，搭建用户管理团队、合理管理并考核用户管理团队是成本最低但效率最高的工作方式。

如果用户管理团队运转正常且目标任务设定合理，那么用户管理团队所能完成的月度目标会直接与用户运营的运营目标挂钩。比如，在一定时间内审核了多少帖子，即审核效率是审核团队目标；而所负责区域内有多少优质帖子，有多少核心用户入驻和成长，即核心用户的挖掘和优质内容的增长是用户管理团队的目标。这两个目标同时也是用户运营的目标，因此它们的完成度加起来就是用户运营的目标完成度。

招募、培训、管理、考核是用户管理体系的4个环节，其中应该关注的点在实际应用中也较为常见。在用户管理团队壮大的过程中，用户管理人员的身份与话语权也会随着他们对产品了解的深入及影响力的扩大而发生变化。对于初级管理员，以用户运营培训和引导为主，用户运营有着绝对的话语权，而高级管理员因为其对产品的了解和在用户中的影响力，而转变为与用户运营合作和探讨如何将产品发展得更好的角色。用户运营更多的是在做四两拨千斤的事情，应该站在更高一层来指引用户管理团队的发展方向。而成熟的用户管理团队会根据这个方向自己分好工，

比如哪些人需要产出什么类型的内容，用什么样的活动吸引用户参与，谁来与目标核心用户沟通等。能让用户管理团队做到这点，用户运营就非常成功了。

4.3.3 用户管理团队维护

如果拆解一个用户运营在用户管理中每天的精力分布，你会发现其大部分精力被用来维护用户管理团队和与用户管理沟通。这并不难理解，以企业为例，企业中的管理人员每天会用大量的精力来维护自己团队的稳定。

1. 用户管理激励体系

用户管理团队有其自身特点，他们是因爱好而聚集在产品运营周围的核心用户，如果像对待员工一样给他们制定OKR、KPI等"员工目标"，势必会将快乐从他们身上慢慢驱散。因此在与用户管理团队对话前，应设立明确的用户管理激励体系。

同普通用户一样，这群乐于与产品"同呼吸、共命运"的用户管理人员也希望知道自己参与到产品中能够获得怎样的激励。需要注意，这种激励侧重于精神层面，强调归属与荣耀，而非常规的积分、兑换等用户激励。

如某世界级新能源汽车企业，初级管理员（普通车主群群主）在群内向普通用户讲解各种产品使用问题，与企业沟通渠道，号召车友聚会，他们可以定期优先参加车企举办的线下活动，他们的建议或意见可直达内部售后、BD部门；中级管理员如抖音和快手上的知名说车网红、车企创始人的精神拥趸等，可以向车企为用户争取福利，如文化衫、线下活动等；高级管理员如拥有千万粉丝的头部 KOL，可以与车企管理层一同讨论企业流程、管理、文化、车主运营等深度话题并建言献策。

这套围绕权利、权益的激励机制在全国各地形成了许许多多的小金字塔分支，构成了庞大的用户运营系统，是一套企业内部无法复制但可发挥巨大能量的正向循环机制。

维护用户管理团队主要分为线上和线下两种渠道。

在线上渠道中，培训是一种维护的手段，定期考核也是，但这些都是用户运营将自己的目标反推给用户管理团队时使用的手段。用户管理团队是出于虚拟社交需求而加入的，如果一直用目标和培养竞争来压制他们，很容易让他们有压力或感到疲劳。在用户管理团队的需求清单里，成就感是非常重要的心理影响因素，因此要放权给他们，让他们按照自己的喜好行事，官方提供资源协助他们举办活动，给他们足够多的曝光。这是维护用户管理团队常用的线上手段之一。

而线下渠道是更容易扩大用户管理团队影响力的方式。像小米社区、百度贴吧这种有社区文化的产品，线下的同城会是非常重要的放权给用户管理团队的活动类型。官方给出线上曝光资源和线下物料资源，各地的吧主、版主自行组织同城的网友线下聚会，沟通产品的使用心得，并反馈给官方。承接组织的用户管理团队会将这视为一种隐形的资源，并会从中获得极大的满足感。

除此之外，在我所负责过的用户管理团队中，还会定期约用户管理团队一起举办线下沙龙，探讨在管理用户的过程当中遇到的问题和解决方法，让用户管理团队更有参与感。

无论是线上还是线下的用户管理团队维护，其目的都是增加用户管理团队这一特殊用户群体与用户运营以及自己所在产品之间的社交链。用户管理团队的能力和意愿都强于普通用户，随着他们与产品之间的情感连接越来越深，他们所能带来的价值也会越来越高。

2. 用户管理团队的常见问题

用户管理团队的成员虽然来自用户，核心管理动力都在于对产品或产品价值本身的认同，但他们来自不同的职业，拥有不同的社会身份，个性和想法都不尽相同，因此让他们管理产品往往会遇到一些常见问题。其中，最为突出的问题如下：用户管理团队与用户之间的冲突、用户管理员之间的冲突，以及用户管理团队与官方运营之间的冲突。

（1）用户管理团队与用户之间的冲突

用户管理团队与用户的冲突往往来自前者的管理使用户因某些行为受到约束而产生不满。例如，百度贴吧的吧主可以置顶、删除普通用户的帖子，如果没有明确的社区守则规范，普通用户会感到不满，认为吧主滥用职权限制自己的发言。

解决这类问题的核心在于：建立完善的社区守则规范，并让用户管理团队依据守则规范进行管理。为了避免用户管理团队不按照守则规范进行管理，侵害普通用户的权益，一方面要给予普通用户向官方反馈的通道，另一方面官方要设定更高一级的权限来对用户管理团队进行管控和约束。

（2）用户管理员之间的冲突

用户管理员是分不同等级的，不同等级对应的权限也不同。在这个前提下，用户管理员在进行管理时会因为意见不同而发生冲突，冲突如果得不到解决，就会有用户管理员因不满而离开。

还是以百度贴吧为例，吧主、小吧主对于贴吧的管理会有各自的想法和方向，当这些用户管理员之间对于出现的问题不能达成一致时，他们可能会离开贴吧，导致贴吧最终无人管理，由活跃慢慢转为沉默。

对于这种情况，官方运营需要为不同的管理角色设定不同的明确目标，并使用户管理员的贡献与权限的大小强相关，给予贡献更多的用户管理员更大的话语权。

（3）用户管理团队与官方运营之间的冲突

第三种常见问题是用户管理团队与官方运营之间的冲突。随着用户管理体系的完善，最上层的用户管理员实际上是代表大多数用户与官方运营沟通的桥梁，当用户管理员对于运营、产品的意见无法得到及时反馈，或者对于官方运营的一些管控手段有所不满时，双方就会起冲突。

这时需要注意的是，务必保持用户管理团队与官方运营之间沟通的渠道畅通，对于用户管理团队提出的产品意见要及时反馈，即使意见不合理，也要对其提出意见的行为本身表示认同，并消化意见背后的需求，而不要只是否认用户管理团队的意见。对于因对官方运营的管控有意见而发生冲突的情况，官方运营应注意在坚持规则的前提下，适当对用户管理团队进行安抚，并在后续工作中根据实际情况不断对制定的规则进行完善，以更好地开展运营工作。

| 第 5 章 | CHAPTER 5

产品的生长周期

在互联网行业，每隔一段时间就会有一批新的产品模式崛起。这在很大程度上要归功于硬件的升级，硬件升级把原本高成本的交互方式变得成本可控。

智能手机的出现以及网络服务的升级，使原本昂贵的互联网信息消费变得价格亲民。而不断降低的成本使得内容载体不断从文本向图片、视频乃至直播等升级，互联网服务也由卡顿变得流畅。

随着互联网产品的升级，用户的生活方式也随之改变，这种改变又给产品带来进一步的提升，最终产生了用户和互联网产品之间互相影响的现象。

以购物方式为例，在互联网电商兴起之前，人们还没有在线购物的习惯。而在人们习惯了线上购物之后，又产生了新的需求，线上购物平台为适应新的用户需求做出产品调整，产品就此不断迭代。

然而无论产品的形式如何变化，不变的是，每款产品都有其生长周期，每个生长周期都有其特点。

5.1 产品生长周期曲线与用户生命周期曲线

在第1章的运营职能分类介绍中，我给出了一个用户进入产品后的路径图，并根据路径图说明了不同的运营职能对应不同的运营目标，以及用户运营因为要关注用户在整个流程中的转化情况，所以对用户路径中不同的环节都有自己的视角，并在每个环节都介入其中。

与渠道运营不同，用户运营在关注用户拉新的环节时，除了衡量拉新的成本，还需要关注两条周期曲线——产品生长周期曲线和用户生命周期曲线,如图 5-1 所示。产品生长周期曲线可以让用户运营在分析用户留存指标时,在关注基本的拉新成本的同时还关注用户质量对后续运营的影响,从而对渠道投放策略的调整给出反馈。而用户生命周期曲线则可以根据用户类型的分布变化分析其对运营成本的影响,从而调整运营策略。

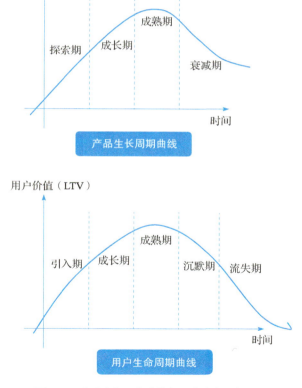

图 5-1 产品生长周期曲线与用户生命周期曲线

5.1.1 产品生长周期曲线

产品生长周期曲线用于表示一款产品从起步到衰退的整个过程。这个过程主要分为四个阶段，在每个阶段用户量会随着周期的变化而有较明显的变化。反映随着时间变化而呈现出的用户量波动的曲线称为产品生长周期曲线。

第一阶段：探索期

产品是因应用户需求而产生的。产品在探索期，一般是抓住了某一类市场需求而开发上线。然而用户的需求是动态的，是不断变化的，产品刚上线时满足的用户需求未必是需求的本质，因此新产品在成长周期的初始阶段一定是在不断探索中的，需要不断迭代和调整以满足用户变化的需求。

对于这个阶段的产品和产品经理来说，最主要的目标就是找到用户痛点，做好功能分析，迅速上线验证，获得种子用户认可。要实现这个目标，可以采取这样几个步骤：

1）通过市场调研找到用户痛点；

2）根据用户需求做好需求分析；

3）建立自媒体通道，为获取种子用户和后期运营打基础；

4）迅速完成原型，做好设计，快速开发，做好产品测试，保证用户体验；

5）获取种子用户，跟踪并做好意见反馈，做好数据分析，不断改进和提升产品体验，以获得种子用户的认可。

同时，运营人员需要配合产品的每个敏捷迭代，迅速收集好用户反馈，在产品中积极回应种子用户的反馈并激励他们，以延长用户对产品感兴趣的时间，收集用户的兴趣、行为等数据并进行用户调研，以帮助产品尽快迭代。

第二阶段：成长期

当产品迭代到可以满足一个稳定用户群体的需求时，产品就进入了成长期。在这一阶段，用户会持续增加，而产品最主要的目标就是获得用户，转化变现，建立品牌，传播口碑。

要实现这个目标，可以采取这样几个步骤：

1）利用前期积累的种子用户迅速推广，扩大影响力。

2）加强运营团队建设，主要围绕运营展开工作，一方面做好拉新、促活和留存工作，另一方面搞好品牌建设。

3）建设好官方自媒体通道，同时与外界媒体保持联系并建立良好关系。

4）做好数据分析。在用户方面，要重点关注用户留存率、DAU、MAU 以及付费用户数据和 ARPU 等数据；在推广方面，要重点关注推广渠道数据，根据数据优化渠道组合；在品牌方面，要重点关注百度指数等数据；在产品方面，要重点关注页面访问数据、跳转数据、访问时长、用户使用路径等。

第三阶段：成熟期

到了第三阶段，产品定位和用户数都进入稳定状态，产品进入成熟期。产品成熟期的表现为新用户增速放缓，以老用户活跃为主，同时由于用户需求被印证，市场上竞品增多并开始抢夺用户，新用户获取成本增高，渠道投放成本也随之提高。

在这个阶段，产品最主要的目标是活跃并维系好老用户，同时以较低的成本保持新用户增长，继续稳定地创收。要实现这个目标，可以采取这样的方法：利用运营手段活跃并维系好老用户，对激励体系查漏补缺，营造惊喜消费、氛围消费，让用户感受到产品的特色；同时，运营人员要对来自不同渠道的新用户做好数据分析，帮助产品经理在更加有效的获客渠道进行产品迭代。

第四阶段：衰减期

到了衰减期，产品谋求的是尽快转型，拓展已有用户的新需求，或尽快决断，直接转移用户，退出产品原有的竞争市场。

从产品生长周期来看新客获取，不难发现一个规律。产品在探索期，由于需求未被验证且目标用户不够清晰，新客获取成本偏高；到成长期，由于产品定位趋于清晰，用户获取成本开始降低；经过一段时间的成长产品进入成熟期，这个时候市场已经被发掘，会有嗅觉敏锐的资本进入市场，由于多个竞品在抢夺同一批用户，新客获取成本自然随之提高，直到进入衰减期。

在产品的探索期和成熟期，新客获取成本都在相对较高的位置，这两个时期的不同之处在于，探索期虽然没有成熟期的用户规模，但探索期的用户尚未定性，被转化的可能性高，因此在新客的获取策略上会有所不同。同时，结合用户生命周期曲线来看，能够更加有针对性地提升用户黏性与用户时长。

5.1.2 用户生命周期曲线

前面提到用户进入产品后有自己的用户成长路径，用户成长路径是从微观上观察用户的行为，而用户生命周期是从宏观上看一个产品的用户群体的阶段性行为。

用户生命周期曲线同产品生长周期曲线十分相似，都有一个从萌芽到衰减的过程。用户选择一个产品，与产品共同成长，之后转变成活跃用户，再到最后流失，形成了一个完整的生命周期。

用户生命周期分为五个阶段。

第一阶段：引入期

这一阶段的用户由各种渠道进入产品，开始对产品的各项功能产生兴趣，并开始为产品带来用户价值。

此时运营人员需要针对不同人群展开调研与数据分析，判断用户对产品业务模式与产品功能、界面的接受程度，帮助企业快速、高效地进行产品业务模式决策，为产品敏捷迭代的方向设定目标。

第二阶段：成长期

经过一系列拉动用户留存的活动和成长体系建设，用户逐步熟悉产品并开始活跃，与产品之间的连接更深入，带来的价值持续升高。

此时运营人员要有计划地开展面向全体用户的大规模运营活动，以奠定产品繁荣、创新、惊喜的用户认知，从而建立与用户的情感连接。

第三阶段：成熟期

在成熟期，随着对产品的持续了解，用户习惯于已有的进入产品的路径，明确自己对固定产品内容或功能的需求，带来的用户价值处于顶峰，达到一定程度后，活跃度及用户价值开始下滑。

此时运营人员要根据用户分层体系，有目的地提升用户黏性，找到不容易发现的"灰犀牛"——大家都认为合理，但实际上对用户体验有极大影响却被大家忽视的业务槽点或功能缺陷，让重度用户的满意值维持在较高水平。

第四阶段：沉默期

用户在经历成熟期后，活跃度和用户价值持续下滑，直到产品无法满足用户需求后进入沉默状态。

此时运营人员需要根据用户沉默的类型来选择促活手段，与用户进行面对面的沟通交流，找到竞品、替代品、用户核心痛点，助力产品经理权衡产品的迭代方向，以达成挽回流失用户、以更好的姿态面对新进入用户的状态。

第五阶段：流失期

在用户的沉默状态达到一定的时间后，可将其视为流失用户，无法再为产品提供用户价值。

此时运营人员需根据用户的年龄、地理位置、消费习惯等进行判断，沉默用户中哪些可以召回，哪些已经不是目标用户，并设定新增大于流失的运营计划，以抵御用户流失给产品带来的损失。

前面提到在产品生长周期中有两个拉新用户成本相对较高的阶段：一个是探索期，另一个是成熟期。但对应到用户生命周期，探索期虽然拉新成本高，但是用户留存的时间长，可带来的预期收益比成熟期高，这一点是用户运营结合产品生长周期和用户生命周期可推断出的结论。

5.2　产品在不同阶段的特征

1. 探索期产品特征

从拉新的角度来看，如果不关注产品所在的生长周期，那么拉新的策略就会出问题。

以 Owhat 为例。2018 年在做娱乐相关产品的时候，为了分析用户需求类型，我调研了一下做垂直粉丝用户的产品，其中有一款产品叫 Owhat。在 Owhat 上线时我和产品经理沟通后了解到它的目标用户群体主要是粉丝群体。这是一款在当时刚上线不久的产品，它有 3 个特征，如图 5-2 所示。

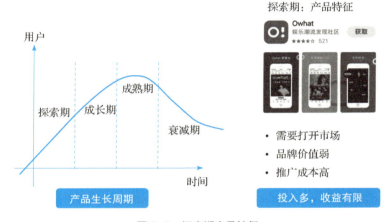

图 5-2 探索期产品特征

特征一：需要定位市场。

在探索期，虽然产品需要打开市场，但是在产品还没有明确定位的时候，在拉新过程中就不考虑产品所在周期及用户类型，没有先确认用户对产品的需求是否得到满足等核心问题就盲目追求市场份额，希望大量用户进入产品而进行大面积的渠道投放，这样，即使带来了大量的新增用户，但如果没抓住用户需求点，用户体验差，用户也有很大的概率流失。更为严重的是，在这种情形下流失的用户，再次召回的成本会比初次拉新的成本更高。

因此对于处于探索期的产品，在打开市场之前，需要先调研一下产品面向的是哪些用户群体，满足了他们的什么需求，以及产品所在的市场需求上限。假设产品的目标用户特征非常明显且满足的是比较垂直的需求，则可以先了解这个垂直特征的用户群体大概有多少，分布在哪里。假设现有市场上这类活跃用户的上限就只有 30 万，那么即便全渠道拉新达到 200 万用户最终也只是徒增成本，留存效果很难达到预期。

结合 Owhat 这款产品，我们首先看一下产品在此阶段的自我定位。

一款 App 的自我定位可以从其在应用商店中下载页面上的摘要来分析。如图 5-2 所示，Owhat 这款产品的摘要是"娱乐潮流发现社区"。这算不算一个明确的定位呢？虽然从摘要来看，它是一个娱乐向的社区，面向娱乐用户，但这是个比较泛的概念。娱乐用户非常广泛，可以选择的平台很多，一款新型产品将自己定位为娱乐社区并不是十分清晰，因此这只能算作一个比较典型的探索期产品——它还没有一个非常明确的定位。

进入产品，可以发现它其实是一个比较垂直的产品——用来讨论偶像及购买明星周边。在主页面上除了基本的偶像资讯，有差异化的地方在于它有很多粉丝做的明星周边，主页面也将重要的位置都留给了商品模块。

如果不是在探索期，产品认为自己的定位是明确的，那么它在产品摘要中提到的娱乐化社区其实对标的是微博这类以综合娱乐为主的社交产品。然而进入产品中观察发现，它其实是一款相对小众且目标用户明确的产品，产品内的所有内容和服务都是围绕着偶像和粉丝这两个群体展开的。产品实际对标的是爱豆、超级星饭团这类只经营偶像与粉丝相关内容与服务的垂直产品。

定位的不同直接决定拉取新用户的投放策略，这两者的预期用户空间上限是完全不同的。活跃的粉丝群体的上限数量一定是远小于综合娱乐用户的，因为即使不是粉丝，也会有娱乐需求，也会消费娱乐八卦内容。

反观 Owhat 的实际竞品爱豆，它给自己的定位是"追星、应援、安利神器"。这是比较明确的定位，用户一看摘要就知道它是不是自己感兴趣的应用，这样新用户在使用的过程中自然会以"追星、应援、安利偶像"为产品核心体验来衡量产品的好坏。在使用这款应用的过程中，我发现它确实是围绕自己的定位来满足用户的需求的。

比如说"追星"这一需求，这款应用里有一个"明星行程"的核心功能，收录了绝大部分偶像的行程信息，这样粉丝如果想要了解偶像近期的动向，甚至去现场应援（支持偶像）都可以通过这个核心功能来实现。除此之外，由于偶像会有多个动态更新的平台，其中有些国外的平台，这款应用实现了同步偶像国外账号动态的功能，弥补了微博这类主流平台没有的额外偶像信息。

围绕偶像稀缺信息这一主要核心内容优势，这款产品还设计了一些追星的细节。比如，它可以记录到一些偶像登录微博的动态，这个功能在偶像出现新闻的时候尤为关键，这些功能都是这款产品的核心优势。由此可见，爱豆这款应用的定位已经比较清晰。那么，有了这样一款定位类似的成长期产品，就可以根据其用户上限对用户需求市场上限进行初步的摸底。假设爱豆这款产品的日活跃用户在 100 万，那么 Owhat 基本可以预估自己作为竞品的实际上限并不会超出太多，而在打开市场阶段，进行新用户获取的时候就可以核算一下成本与收益。

特征二：品牌价值弱。

从品牌价值上看产品所在周期，Owhat 的产品定位尚且不是十分明确，品牌价值的赋能是极其有限的，这也是产品在探索期的特征。

在探索期，品牌价值在拉动新用户时撬动力十分有限。用户运营在与其他目标用户重合的产品做联合运营时，也需要先行盘点好自己产品所能提供的资源。

特征三：推广成本高。

这一特征可以视为前两个特征所导致的结果——因其定位尚未明确，凡是潜在用户可能会出现的地方都有拉新的可能性。但又因为其品牌价值弱，用户的认知成本高且在联合运营时资源互换可能不对等，因此前期的推广成本往往高于获取新用户的收益。

2. 成长期产品特征

产品在探索中逐渐找到定位之后，就进入了下一个阶段——成长期。从产品生长周期曲线来看，成长期是用户量上升速度最快的阶段。在这个阶段，投放成本和用户收益是正向的，相比探索期和成熟期，投放的成本是更加趋缓的，用户增长的趋势却是向上的。

以 2019 年上半年的拼多多为例，我们来看一下成长期的产品有哪些特征（见图 5-3）。

拼多多在最初通过不同品类的产品拉动用户的时候，其产品定位和目标市场并没有确定，这时属于产品的探索期。正因如此，它并没有急于投入某一个市场领域，而是研究自己产品的核心用户群体画像，最终将拼单这个模式作为产品的核心价值，重新定位了使用自己核心产品功能的目标用户群体，并且在之后获取新用户时，以分析后的用户群体为目标，获取更多的新目标用户。

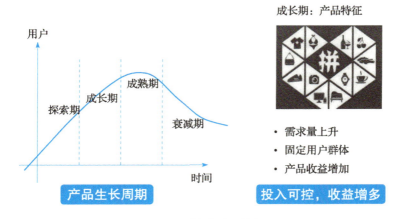

图 5-3 成长期产品特征

在 2018 年下半年到 2019 年上半年，拼多多的多种用户裂变的拉新手段在运营界被不断剖析、解读、效仿。在探索期结束后，持续不断对目标用户的获取与积累让拼多多进入了成长期。产品进入成长期的三个特征在拼多多身上得到了印证。

特征一：需求量上升。

由于产品定位的明确以及产品核心价值的巩固，新用户进入产品后需求得到很好的满足，拉动了对此类产品有明确需求的用户。

特征二：有自己的固定用户群体。

由于用户规模的增长，产品有了自己的品牌定位、品牌价值，并有了自己的固定用户群体，新用户接受产品的门槛降低。

特征三：产品收益增加。

由于新用户对产品的认可度高，转化率上升，比起探索期和成熟期，成长期是产品的投资回报率更高的阶段。

3. 成熟期产品特征

在产品的生长周期中，成长期的下一个阶段称为成熟期。这里我们用以一款非常成熟的产品——QQ为例，看一下成熟期的产品有哪些特征（见图5-4）。

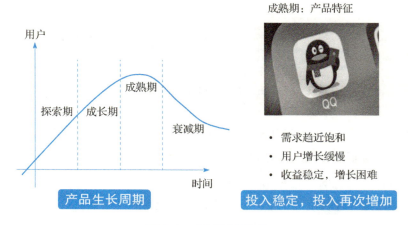

图5-4 成熟期产品特征

QQ作为一款已经面世20年的产品，目前已经进入非常成熟的阶段。它走过了探索期和快速扩张的成长期，经历了PC时代和移动互联网时代，在移动通信领域虽有微信在前，但它仍旧拥有接近 4 亿的日访问用户。QQ 在获取新用户上已经趋缓，对应到产品成长周期曲线，它就是一款成熟期的产品。

这样一款成熟期的产品，它的表现特征都有哪些呢？

特征一：需求趋于饱和。

成熟期产品的需求是趋于饱和的，这个时候获取新用户的成本相比成长期，又再度有所增加。当产品在成长期的时候，用户的需求是随着产品知名度的提升而不断增加的。而无论是 QQ 还是微信，当前都处于成熟期。从用户量上来看，这两款产品的用户量已经趋近于用户持有硬件数量的上限，因此获取新用户的成本非常高。

特征二：用户增长缓慢。

第二个特征是由第一个特征所带来的结果。由于需求量已经接近饱和，用户增长必然会随之放缓。对于处于这个阶段的产品，相比持续获取新用户，防止用户流失及持续保持用户活跃和需求拓展更为关键。

我们无法创造用户需求，只能从现有的用户需求中寻找自己产品可以满足的点。作为一款成熟期的产品，QQ 在互联网即时通信领域已经满足了用户需求，而随着产品的成长，已经出现一个用户多个账号的情况。在这种情况下，QQ 已经开始由即时通信横向拓展其他的新增产品来满足由社交衍生的用户需求，比如增值服务、游戏等。

特征三：产品收益停滞甚至下降。

前面提到，QQ 在成长期获取大量用户后，由于需求量的饱和与用户增长的放缓，开始向用户提供增值服务，如 QQ 秀（付费装扮类服务）、游戏等。在新产品出现的前期，又进入了新的产品生长周期,经历了探索期和成长期,为腾讯带来了大量的商业收益。而随着新的产品进入成熟期,用户需求再次饱和,增长再次放缓,收益开始减缓、停滞甚至下降。

4. 衰减期产品征兆

在成熟期过后,产品最终会走向衰减期。

再怎么强大的产品也会面临衰败的一天,这是产品成长周期中的必然规律。SNS时期的开心网,鼎盛时期拥有过亿的注册用户,数千万月活跃用户,然而却在短短几年之内不得不售出公司,黯然离场。

每个产品在衰败前其实都有征兆。在征兆显现前,用户运营应考虑如何进行用户迁移,以及及时将用户流失原因分析提供给产品经理以调整产品定位。

那么产品衰减前会有哪些征兆呢?我们以人人网为例来看一下(见图5-5)。

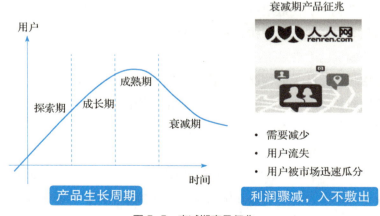

图5-5 衰减期产品征兆

人人网作为几年前红极一时的产品,前身叫校内网,主要面向的用户群体是各大高校的学生。在移动互联网兴起之前,因为抓住了核心用户群体的社交需求,人人网在当时成为在校大学生及刚大学毕业不久的用户联络和社交的主要平台。

征兆一:需求减少。

2011年前后,移动互联网兴起,随之而来的是,适应移动互联网模式的微博等轻社交属性的产品拉走了很大一部分由兴趣和内容带动的弱连接社交用户。而这个阶段人人网并没有及时进行产品移动化布局,无法适应移动互联网下的用户新诉求,导致用户逐渐被迁移到其他平台上。

征兆二:用户,尤其是老用户流失。

在转型的艰难时期,人人网也在移动互联网下进行了许多尝试。比如直播平台兴起时,人人网的移动端也有一段时期强推直播,然而用户对人人网的印象还停留在校内社交,登录移动端App后却发现无法找到一些基本功能(如相册)的入口了。定位的突然转变不但没有为人人网带来多少新增用户,反而让老用户认为这款产品已经与之前不相关,从而彻底流失。

征兆三:用户被市场迅速瓜分。

在巨头掉队时,市场并不会等待它找到新的方向,而是会迅速用不同的产品去瓜分掉它曾经的大量用户。人人网曾经作为数一数二的以高校生为主的社区,拥有很强的产生内容、吸引用户的能力。

在产品功能上,人人网既可以发短动态,也可以发长文、图片等。然而这些功能要么已经渐渐不适合移动化的用户习惯,要么在细分领域都已出现了新的巨头。长文当时在手机上还没有很好的阅读交互，而适合移动交互的短动态领域出现了微博，图片领域有 QQ 空间，这些产品都已经看好了移动互联网的发展趋势，及时弥补了产品的不足，做好了用户迁移。在这种情况下，没有跟上移动化队伍的人人网流失了大批用户，这些用户迁移到了其他平台。

因此，用户运营如果从用户数据分析中发现产品需求开始减少（核心功能的使用在变少），用户开始流失（日活跃持续下降），应及时找到原因，反推产品进行迭代，并做好用户迁移准备。

即使有些用户需求的内核不变，但是用户的主观体验会随着大环境的变化而变化，因此没有抓住用户心理的产品也会逐渐衰减。

案例：衰减期产品迁移用户需求

很多产品因用户需求变化而进入衰减期，而有一家传统企业正确解读了用户需求变化的原因，并成功将用户转移到新的产品中。

2003 年前后，很多学校周围出现了名为"啊呀呀"的精品屋连锁店，其主要产品为小饰品，定位为学生人群，价位以十元为主。啊呀呀连锁店迅速扩张，规模一度超过 3000 家。然而随着竞品的迅速赶上，市场开始供大于求，加之加盟店无法保持一致的服务等因素，啊呀呀连锁店逐渐淡出用户视野。

在经济快速发展的过程中，相比于价格，越来越多用户更关注品质。这就是典型的因社会环境变化而引起的用户需求变化。十年前在学校周围购买小饰品的用户群体已经没有动力购买了，而如今的学生人群追求的已经不只是价格了。

但这种需求的变化能否说明用户对于高性价比的商品没有需求了呢？如果是这样，那么原有产品积累的用户并没有可转移的空间了，只能任其流失。用户开始追求可标准化衡量，且同样价格、品质更高的商品的需求并没有变化。如果此时能够抓住这一部分用户需求，仍旧可以将逐渐流失的用户转移到新产品中。2016年，名创优品横空出世，主打的依旧是十元店，但商品却透露出设计感与品质感，瞬间称霸十元价位小商品的市场。

而名创优品与啊呀呀连锁店的老板正是同一人。在采访中他透露，当发现用户对品质和设计有追求时，名创优品投入了许多费用来邀请各国设计师与购买联名版权，给产品品质感，让用户认为自己买到性价比更高的产品。而经营方式上为了保证标准化，有专业的管理团队进行管理。这些迎合了用户新需求的产品使得名创优品一年的销售额超过了啊呀呀连锁十年的销售额。

当经历过完整产品生长周期的产品进入衰减期时，不能只看表面。产品已经有成熟的用户画像，应该将市场的上限、用户迁移的原因分析到位，才能让产品渡过衰减期，看到底应该及时止损还是迅速用新产品满足新的用户需求，完成用户迁移。

第6章 CHAPTER 6
用户拉新

要做好用户拉新,首先要了解获取新用户的渠道。渠道运营会多渠道并行投放,用户运营可根据产品的生长周期制订拉新策略,给出渠道运营建议,并在之后深度分析渠道数据与用户质量。

6.1 新用户获取渠道

作为获取新用户的重要途径,渠道是每个运营角色都会关注的,只是专门的渠道运营会关注得更加深入一些。前面我们讲到,用户运营会根据产品生长周期来关注用户周期的变化,从而结合渠道运营优化用户运营策略。既然用户运营也需要关注不同类型的渠道,那么接下来我来介绍一下有哪些类型的渠道,每一种类型又有哪些细分的渠道种类。

一般来说,渠道可以分为线上渠道和线下渠道,而线上渠道又可分为固定渠道、平台渠道和专项渠道(见图6-1)。与线下渠道相比,线上渠道对于所获取新用户的统计数据更加清晰,因此应用更广泛,种类也更多。

图6-1 渠道类型

6.1.1　6类固定渠道

（1）厂商预装

对于一般产品，尤其是对于App类产品，在线上渠道中，最为大家熟知且应用最广泛的是固定渠道。在固定渠道中，从用户知晓产品的路径来看，手机厂商预装是最上游的渠道，因为用户要先获取硬件，之后才会在硬件上安装软件。

早期在移动互联网起源阶段，硬件的预装方式有多种：如工具型App产品可以选择与手机厂商合作，为厂商定制软件，以此来置换或用较为划算的价格将产品预装到某些批次的手机上，从而获得大量新增用户；又或者当手机流通到线下经销商手中时，付费给经销商进行预装；更下游的渠道也可以与手机运营商进行合作或付费预装，从而获取新用户。

在固定渠道中，预装这种方式无疑可以稳定地获取大批量的新用户，因此从渠道运营的角度来看，只要预算足够，就会优先选择这种方式，毕竟通过这种方式最容易完成拉新目标。然而从用户运营角度来看，由于批量硬件预装的用户并无差异性，大批量涌入的新用户的最终转化率与留存率可能很低，导致后续运营困难。

更残酷的是，在经历了移动互联网红利期后，软件市场上产品之于用户往往供大于求，同时硬件厂商、运营商等上游为了保障用户体验，对预装的软件要求越来越严格，因此新用户获取的成本飙升。这种情况下，结合用户运营给出的用户画像数据去选择渠道进行投放显得更有价值。

（2）应用市场

第三方应用市场是用户更为熟知的软件产品获取渠道，因此也是渠道运营的主要战场。与硬件预装相比，应用市场的优势在于：用户是带着需求在应用市场进行搜索的，因此这个渠道带来的新增用户的转化效果往往较好。

早期苹果手机还需要各种手机助手的时候，iOS下的很多应用并不是通过苹果官方的App Store而是通过第三方应用市场（如威锋网）进行分发的；安卓则有多家第三方应用市场（如豌豆荚、安智市场等）。这类应用市场不仅仅是分发平台，很多背后还有社区属性，聚集众多达人解读软件的安装与使用方式，因此转化方式也更为多样。

渠道运营在投放应用商店渠道时，往往还会争取一些免费的资源。为保持应用市场的活跃度，市面上主流的应用商店几乎都设有主题活动，邀请各种软件应用参与。新软件上线、软件有重大更新是进入免费资源池的好机会，如果用户运营此时可以根据不同渠道的用户特点推出不同类型的运营活动，推荐中选的机会会更大，后续用户的转化效果也会更好。

（3）运营商商店

应用市场的变现方式已经较为成熟，而掌握巨大流量的上游运营商除了在硬件预装上可以变现外，利用预装优势发展自己的应用商店已经成为必然。几大运营商的应用商店成为新的主流应用商店，拥有了大量的用户，因而成为渠道运营投放的新选择。

（4）积分墙

积分墙是一种应用插件，核心价值是为众多应用开发者提供一套标准化的任务系统，实现帮助开发者进行商业变现的目的。具体的实现方式有多种，利用任务系统将客户的广告内置到任务里，通常以广告播放、软件注册、下载等为具体任务，用户完成任务可获得不同程度的奖励（如去广告、获得游戏积分等）。通过这种形式，承载积分墙的应用在用户完成任务后获得 CPA（Cost Per Action，用户行动计费）收入，而投放积分墙的应用付出成本，获得新用户。

早期的积分墙以广告为主，后期引入的注册、使用等更为深入的用户路径作为任务系统中的一环，解决了早期用户转化率低的问题。然而由于积分墙的诱导性过强且短期集中投放会有瞬间冲榜的效果，苹果在 2014 年左右陆续对内置积分墙的应用进行了限制甚至下架，以此来维持苹果商店的权威性。因此积分墙虽在一定阶段有效，但需要谨慎投放。

（5）插屏广告

插屏广告指的是用户在应用中中断核心产品操作时弹出的广告，在视频站点暂停时最为常见。在用户切换场景、退出某一功能模块时也常用插屏广告。插屏广告视觉冲击力强，容易吸引用户视线，如果配合较好的内容文案，转化效果是非常不错的。

（6）网盟

网盟是网络广告联盟的简称。主流网盟平台都拥有海量用户和数据，可以根据用户行为进行投放。具体的方式是，将广告主的广告费用投放到海量网站上，根据不同的用户行为展现不同的广告来吸引用户点击，普遍按照用户点击付费。网盟的优势在于面向的用户群体较广，只要用户对你开发的产品感兴趣，留下过用户行为，他就会被推送到，就有可能被你获取。劣势则在于，有很多用户是误点击进入产品页面的,而网盟依赖的用户行为数据并不是非常深入,造成了用户数据可信度打折扣。

固定渠道的新增用户基本可以明确用户获取成本,也就是说,花多少钱一定能带来多少新增用户,然而固定渠道根据不同的场景也可以酌情分配投放比例,并从长线来分析用户后续质量,从而制订最适合自己产品的拉新策略。表6-1总结了各个固定渠道类型的优缺点。

表6-1 固定渠道类型优缺点

固定渠道	优点	缺点	适用场景
厂商预装	稳定、大批量	转化一般,窗口紧缩	优质、工具型产品,可与硬件结合
应用市场	用户质量好,有专题类免费推广资源	资源有限,推广窗口短	版本首发、重大更新与应用市场内主题契合时
运营商商店	用户量级稳定	产品功能有一定滞后性	多平台提交产品包
积分墙	用户有强需求下载	用户质量参差不齐	适合作为游戏环节的应用
插屏广告	冲击力强	易造成用户反感	多为游戏应用
网盟	触达面广	跳出率高	大批量强化用户认知

6.1.2 5类平台渠道

固定渠道和平台渠道都属于线上渠道,两者的差别在于固定渠道比较容易衡量在一定的预算内能引入多少新用户,而平台渠道的拉新效果则不是很稳定,重度依赖运营。平台渠道比较适合用户运营、内容运营用来拉新或促活。

（1）搜索引擎

搜索引擎是用户获得互联网信息的入口平台，因此在搜索引擎里做SEO（搜索引擎优化），将与自己产品相关的信息在搜索引擎中的排名升上来，仍旧是获得新用户的有效途径之一。有些产品没有注意到这一点，在用户查找相关信息时，与自己产品相关的网页排名都很靠后，导致用户触达率低。

（2）社区

社区有综合类也有垂直类，不同社区聚集的用户类型各不相同。微博、贴吧、知乎等虽然还有细分垂类，但产品整体定位包罗万象，属于综合类社区。而有些社区专注于某一类，比如应用商店背后的社区主要是对硬件、软件兴趣浓厚的用户交流的平台，游戏社区是对某一类游戏感兴趣的用户交流的平台，母婴社区是讨论母婴相关话题的平台。分析自己产品的目标用户，然后在综合类或垂直类社区进行内容或活动的发布。

（3）PR

PR（Public Relation，公关）也是平台渠道的类型之一。相比在社区上进行拉新，PR方式所能衡量的拉新效果更为有限，因而经常作为一种辅助推广品牌的手段。虽然在常规产品推广拉新的渠道中PR只是辅助手段，但它所能发挥的功效不容忽视。如果某些产品或某个公司本身较有争议或容易引起关注，PR就是重要的手段。

（4）自媒体推广

自媒体是随着微博、微信等平台产品的成熟而出现的新型推广渠道。自媒体指的是在平台上通过某一类内容吸引用户主动订阅和传播的媒体形式。与传统媒体不同，自媒体的内容创作门槛低，可选择范围较广且自带某一类用户特征。在推广新产品时可以寻找某一类自媒体账号进行投放或内容合作，以达到获取新用户的目的。

（5）App 互推

App 互推这个形式比较适合超级平台。超级平台在成熟期用户数量稳定后，可以根据用户数据分析出不同类型用户的需求，进而通过满足新的用户需求孵化出新的超级平台，以此类推。这些孵化出来的产品逐渐形成矩阵，通过巨大用户量向新孵化出的产品输送新用户。

用 App 互推来拉动新用户，非常典型的案例就是今日头条。在今日头条成为超级平台后，孵化出了抖音、西瓜视频等新的超级平台，现在又针对用户制作视频的需求推出了视频工具（如剪映等）。因为已经拥有了大量用户，了解了用户需求类型，所以无论是用户转移还是新产品的用户获取，App 互推都是性价比很高的方式。

试想，如果你的第一个产品拥有 1000 万活跃用户，通过 App 互推孵化出 5 个拥有 800 万活跃用户的产品，那么你所占有的市场份额发生了多大的变化？

而与可能带来的市场份额增长相比，所付出的渠道成本是可控的。因此在产品矩阵建立之后进行 App 互推来促进产品活跃，对于已有大量用户的超级平台而言是非常划算的拉新方式。

相对来说，平台渠道用户的转化比较稳定，用户质量有保障。各个平台渠道类型产品的优缺点见表 6-2。

表 6-2 各个平台渠道的优缺点

平台渠道	优点	缺点	适用场景
搜索引擎	用户转化率高	关键词购买只有固定时期	希望在垂直领域建立用户认知的应用
社区	用户垂直	用户拉动效应较为缓慢	冷启动、拉种子用户
PR	影响力大	无法衡量拉动效果	有正向时效性事件关联时
自媒体推广	用户属性明确	爆款难有，推广群体单一	推产品中的爆款
App互推	成本可控	稀释原有产品用户	超级平台矩阵搭建

6.1.3　5类专项渠道

无论是固定渠道还是平台渠道，都属于比较常规的渠道。和它们相比，第三类属于非常规渠道，我称之为专项渠道。前面提到根据产品所处的生长周期，拉新策略会有所不同，而专项渠道作为特殊类型的渠道，应用时一定要考虑到不同生长周期中产品自身的情况，才能达到预期的效果。

（1）明星代言

第一个专项拉新渠道是明星代言。明星代言主要有两个价值：第一，明星作为公众人物对产品有背书的作用，能让用户对产品产生信赖；第二，高关注度及粉丝忠诚度使得明星自带流量和用户转化。

明星代言有不同类型，最常见的合作类型是广告代言。这类合作以实体商品居多，比如化妆品、快销品或数码类产品等。而随着线上产品的丰富，越来越多的产品在与明星谈代言合作时选择让明星更深入地与产品结合。

小红书在产品成长期，除了垂直类的美妆KOL，还邀请了一系列有特点的女明星入驻分享。这类明星代言不是简单的广告代言,而是作为用户实际使用产品,进行内容分享。由于明星自带话题属性,因此平台与明星流量相加可以达到更好的传播效果。

(2) KOL 联合推荐

和明星代言相比,KOL 的优势在于可选范围广、覆盖用户群体垂直且价格可控。

以美妆产品为例,2017 年年底 YSL 星辰口红系列推出之际,多个美妆博主及以女性用户群体为主的 KOL 纷纷从各种角度对这款产品进行了传播,让这个系列的口红一时间成为"稀有""必送女友的礼物"的象征,使得后续当用户提起口红时不得不提 YSL。这就是 KOL 联合推荐带来的效应。

影视作品的宣发也深谙此道。影视类 KOL 会在一个阶段内集中宣传推广少数几部影视作品,为的是抢占这一段期间内的用户心智,让用户观看自己推广的影视作品。

(3) 社群

在平台渠道中,除了选择平台本身,还可以依托平台的 2C 产品功能来将用户聚合起来,社群就是一种聚合用户的形式。

严格意义上,社群的目的并不是获取新用户,而更多的是将已经初步了解产品的用户聚合起来,以便挑选核心用户和维持用户活跃。但从用户增长的角度来看,一个运转良好的社群也是一个好的用户增长渠道。社群内的用户是精心运营过的,他们推广产品的积极性会高于普通用户,因此社群也被列为获取新用户的专项渠道。

（4）事件营销

当产品发布新功能或需要新用户了解其产品价值时，通过策划一系列现象级事件来引起话题，这种方式称为事件营销。事件营销的价值在于通过事件吸引潜在目标人群关注。

（5）裂变拉新

裂变拉新也是超级社交平台衍生出的拉新渠道。

关于用户裂变拉新方式，拼多多做得最为极致。0元购物、拉新砍价、邀请好友送现金、邀请得免单资格等，通过社交软件自带的链条，让用户背书，为双方提供优惠策略，使得新用户的增长一直处于上涨的趋势。当然即使采用这种拉新方式，最终的新用户获取也一定会有上限。但是从新用户获取的角度来讲，这种方式绝对是性价比很高的，即使做得不那么极限，这也是目前线上产品拉取新用户时多多少少会布局的渠道之一。

专项渠道对于产品的使用场景是有一定要求的，也有着各自的优缺点，参照表6-3。

表6-3 专项渠道类型以及优缺点

专项渠道	优点	缺点	适用场景
明星代言	天然粉丝群体信任	明星自身属性大于产品认知	有一定用户认知的拓展期
KOL联合推荐	用户垂直，价格可控	受限于KOL类型	KOL较集中的领域
社群	渠道本身免费	耗费用户运营人力，拉新效果不易衡量	维护已有用户，同时用活动拉裂变
事件营销	影响面大	用户口味难抓，成功率低	新品本身具有话题性
裂变拉新	性价比高	依靠用户有天花板	产品本身具有大众性

6.1.4 6类线下渠道

除了以上三种线上渠道拉新方式,传统的推广和拉新还有线下渠道。

之前在做娱乐相关产品的时候,我对影视宣发做了一次业内调研,走访了数家专门做影视宣发的公司。比较出人意料的是,目前影视宣发公司在线下渠道上的预算占比在提升。原因在于线上渠道成本增加,想要在预算之内实现预期中的转化变得吃力了。因此如何将线上渠道和线下渠道结合在一起,最大化用户对作品的认知,是宣发公司考虑得更多的推广方式。

线下渠道反推线上渠道的套路一般是通过线下营销事件进行布局,引发话题,再通过线上平台渠道发酵,进行二次传播,引发新用户关注。线上的渠道类型前面已经介绍了,接下来介绍6种常见的线下渠道。

(1)灯箱广告

灯箱广告大家都比较熟悉,一般处于位置固定且人群流动较频繁的地带,如公交站、火车站、商业闹市区等。优势在于展示持久、曝光量大,但投放需要较长的时间周期,灵活性一般,且不好衡量实际效果。

(2)聚屏广告

聚屏广告展现的场景与灯箱广告相比更为聚焦和精准,是根据场景和人群来进行展现的。比如电影院播放电影之前、取票机、楼宇广告等。相比灯箱广告,聚屏广告会按照场景来进行展现,具体投放之前可以选择预期投放的商圈、人群、时间段等,更为灵活。

（3）地铁广告

地铁作为都市人流量巨大的交通工具之一，其附带的宣传推广价值也备受关注。地铁里的广告系统，除了灯箱广告之外，还有海报广告、隧道LED屏幕广告等。按照不同的线路所对应的人群特征进行投放，也可以起到扩大产品品牌认知的效果，达到拉新的目的。

（4）到店桌牌

对于O2O、支付这种服务场景的起点在线下店里的产品，到店桌牌这种线下渠道的拉新转化也不容忽视。用户在店内最后的场景往往是支付，但这也可能是下一个行为的起点，因此支付类、服务类（如代驾、出行等）在店内的展现会直接影响用户的使用行为。

（5）户外广告

户外广告一般在室外公共场所以固定巨幅海报、LED屏等形式对某一品牌进行长期的推广宣传。在很长一段时间内，由于线上渠道的崛起和线下渠道技术的迭代，户外广告的投放往往不是渠道推广中先行考虑的方式。但户外广告形式很有行业特点，如在公路上的广告有许多房地产类会进行投放，因户外广告的排他性优势较明显，在潜在可以获取新用户的场景里，此类投放所带来的价值也是很有吸引力的。

（6）定向地推

定向地推有两种形式：一种是2C的派送，在商场等人流量较多的场所进行落地活动；另一种是直接申请参加行业相关的展会，更多的是 2B 来展示自己的产品价值。

2C 的派送形式我们作为用户比较熟悉，写字楼周围、商场周边、公园附近经常有人派发某些产品的宣传单。落地活动则是在人流密集处租用固定的摊位进行产品宣传和举办活动，许多信用卡、少儿教育等产品会选择这种方式进行推广。推广的形式往往是通过派送一些赠品吸引用户，获得用户信息或关注，进而达到进一步转化的目的。

而有些产品的目标用户群体相对集中，属于 2B 的业务，这种则更适合在行业峰会、展会的会场进行产品宣传。比如，产品本身是为行业提供广告投放优化方案的，而通过 2C 的地推方式吸引的用户群体对这类产品并没有需求，那么这种地推就没有意义，如果可以在大客户广告相关的行业展会、峰会上进行产品展示，则吸引的用户群体精确度要远高于 2C 方式的地推。

随着线上渠道的市场争抢越来越激烈，线下推广的重要性又得到了体现。不同线下渠道的优缺点见表 6-4。虽然线下渠道适应的场景与线上渠道相比有些局限，但其在拉动新用户上也有着不可替代性。

表 6-4 不同线下渠道的优缺点

线下渠道	优点	缺点	适用场景
灯箱广告	人流量大，曝光量大	需长时期投放才能累积效果	成长期、成熟期需固定认知的产品
聚屏广告	分场景展现，更精准	展现周期较短，不稳定	用户线下活动地点较为垂直的产品
地铁广告	人流量大，曝光量大	人群注意力较分散	需占领用户认知的产品
到店桌牌	用户转化率高	适用产品类型较垂直	O2O 类产品、延伸服务产品

（续）

线下渠道	优点	缺点	适用场景
户外广告	排他性强	触达用户需长时期累积	房地产等长决策产品
定向地推	灵活	用户质量不稳定	用户下沉推广（2C地推）/行业认知推广（2B地推）

6.2 不同时期的拉新策略

上一节介绍了22种不同的渠道类型，那么哪种渠道效果最好呢？

关于这个问题，相信不同的渠道运营会给出不同的答案，这是为什么呢？前面我们提到了产品的生长周期并简单介绍了产品在不同周期的特点，根据不同的产品周期下用户的需求变化，不同渠道会带来不同的转化效果。因此没有最好的渠道，只有最适合当下产品周期的渠道。

在线上渠道中，固定渠道带来的新增用户是稳定且量级可观的，然而假设一款产品仍旧在探索期，将渠道预算全都投到固定渠道上，进行大量预装，那么很可能来的用户越多产品衰减得越快，这是因为探索期的产品对于用户需求的满足情况还没有清晰的定位，此时大量投入带来的用户往往留存率达不到预期。这时候的拉新策略应该符合探索期产品特点，渠道应用上也应该选择精耕初始用户。

6.2.1 探索期拉新策略

前面我们提到，探索期的产品有三大特点：

第一,需要打开市场,也就是在大范围投放推广之前先上线,看看市场反馈如何;

第二,品牌价值弱,而品牌的价值是通过不断强化某一方面产品特征来实现的;

第三,推广成本高。

下面我们就根据这三大特点,结合抖音生长周期的例子,看看探索期的拉新策略(见图6-2)。

图6-2 探索期拉新策略

1. 做好产品定位

探索期产品的第一大特点是需要打开市场。即使抖音这种有头条系超级流量平台做后盾的产品,内部资源协调也要看产品本身的用户转化情况。对于一款超级流量平台,资源位本身就代表着商业收入,没有在产品上得到战略认同,内部资源也不会全部倾斜给内部产品。

抖音在探索期很了解自己的位置,因此在产品上线后长达约两年的时间里一直不断地在定位上摸索与调整,并没有急于为自己大量铺渠道，而是在挖掘短视频市场里符合自己产品定位的用户特征。

当时在短视频领域，快手已经处于龙头地位，市场份额高、品牌知名度高，且仍处于成长期，抖音作为后入局者，在早期将产品定位为美颜的短视频拍摄工具，强调分享质量高、格调高的短视频，与当时快手对用户的定位有所区分，着重进行细分领域内容差异化。

在初步做好了定位后，抖音借用了头条的去中心化算法，不断完善产品内的用户画像，积累数据，逐步在差异化方面获得了一批用户群体。

2. 提升品牌价值

探索期产品的第二大特点是品牌价值弱，而品牌的价值是通过不断强化某一方面产品特征来实现的。对于抖音来讲，在产品功能上，它与其他短视频软件没有本质区别，因此最重要的差异化特征区分就在于内容，而内容是由种子用户贡献的。在探索期有了初步产品定位之后，收集用户数据并根据用户需求偏好来定向寻找种子用户，并将生产符合产品目标用户需求的内容视为产品提升品牌价值的重要手段，这一重要手段主要由用户运营来完成。

早期我在猫扑论坛做运营的时候，猫扑贴贴社区还处于探索阶段。相比于有一定品牌认知的猫扑大杂烩，猫扑贴贴的版块区分更细，帖子更好分类，对标的是天涯社区这类社区产品。我们在数十个版块中收集到初始用户数据之后，根据二八原则梳理了用户画像，选择了几个版块重点运营。根据用户画像，贴贴社区的用户以年轻群体为主，男性用户比例大于女性用户，相比天涯社区的用户，这部分用户更偏爱娱乐类内容。于是针对这部分用户需求，用户运营通过培养、定向挖取、建立联盟等方式聚集了一批生产娱乐类内容的种子用户。

抖音也是如此，在抖音积累了一定量的符合自己初步定位的内容后，规划了"优质感""高级感"的内容类型，且根据预期引入的内容定向挖掘用户，并签约种子用户，持续进行内容生产。

3. 控制推广成本

探索期的第三个特点是推广成本高。对于抖音来说，虽然有着天然的优势——头条是个超级流量池，然而在抖音产品上线的时间点，头条本身也在成长期，新增用户对于两款产品来说都是需要追求的重要目标，且短视频领域已经有了KS，因此其推广的成本还是偏高的。在这种情况下，抖音根据前面的产品初步定位以及种子用户的挖取情况，有选择地进行专项渠道布局。将拉新预算进行划分，留出给专项渠道的预算，通过明星效应获得新用户的认知，通过KOL的影响力与其产生的优质内容获取用户的认可与自发传播，从长线上看性价比较高。

抖音选择的第一个专项渠道是KOL的拉取和培养，以扩大种子用户范围，通过用户运营邀请越来越多的优质用户生产更多的优质的差异化内容。虽然KS已经在短视频领域占据了绝对领先的市场份额，但是很多用户对KS的认知是充满段子、奇特技艺展示和留言刷屏"老铁666"，恰逢KS陆续出过几次偏负面的新闻，抖音积累的内容和初步定位的目标用户属性让"有格调的短视频平台"品牌逐渐确立。

而积累这部分内容需要大量的KOL持续进行生产，抖音早期将预算投入到了这方面。为了让新用户进入产品就被优质的画面吸引，抖音的用户运营定向去艺术院校寻找有一定特长和表现力的种子用户，通过签约的方式驱使这部分种子用户持续生产优质内容。而种子用户除了获得拍摄酬劳，还可以获得抖音流量池的推荐，拿到平台的早期红利。

可以看出，用户运营在这个环节起到了非常关键的作用。从种子用户的分类到挖掘，再到后期维系，用户运营需要花费大量精力去洞悉并满足种子用户的需求。除了拍摄酬劳，种子用户更需要得到路人的认可，获得心理上的满足感。随着种子用户的增多和优质内容的沉淀，平台在新用户心目中就有了认知，被分享内容吸引过来的新用户仍旧是喜欢看类似内容的用户，品牌认知就形成了。

抖音选取的第二个专项渠道是明星效应。前面介绍过，明星代言的方式有两种：纯广告代言和作为用户使用产品。抖音选择的是第二种。前期在积累内容的过程中，抖音并没有将预算投向外部渠道，直到出现了明星适合参与转发的内容之后，才开始初现走红端倪。2017年3月13日，演艺界某知名人士在微博上转发了抖音上一名模仿他的用户的内容，抖音的搜索指数飙升，受到了路人用户的关注，拉取了一大批希望看到有趣内容的新增用户。

6.2.2 成长期拉新策略

那位演艺界知名人士的转发对抖音来讲是一个标志性事件——抖音从这个时间点开始由探索期进入成长期。

成长期的产品同样有三个特点：

第一，需求量上升；

第二，有自己的固定用户群体，这部分用户群体对产品有明确的认知；

第三，产品收益增加。

我们继续以抖音为例，来分析产品进入成长期该如何持续吸引新用户（见图6-3）。

成长期产品特点	成长期拉新策略
需求量上升 ➡	多渠道投放，择优加大预算
固定用户群体 ➡	打造社区氛围，激励用户拉新
产品收益增加 ➡	强化品牌定位，扩大曝光范围

基于原核心用户进行延展

打造社区氛围
大小明星入驻
冠名综艺节目

图6-3 成长期拉新策略

1. 多渠道投放，选取高性价比渠道加大投放力度

在通过专项渠道与持续稳定的优质内容产出为产品打开知名度之后，被吸引来的新增用户会通过分享内容拉取更多的新增用户，因此从产品表现上来看，用户的需求量是上升的。在这个阶段，抖音开始多渠道投放，并从中选取高性价比的渠道加大投放力度。

2. 打造社区氛围，激励用户拉新

成长期产品的第二个特点是有自己的固定用户群体。不同于探索期，成长期的用户在打开产品时是有比较清晰的需求的。比如抖音，新用户虽然来自各种不同的渠道，但基本需求都是观看优质、有趣的短视频内容以及酷炫的视频效果。为了定位自己的

产品属性，抖音从内容上强调自己年轻、潮流、趣味的特点。随着用户需求量的上涨，流量涌入平台，产品收益也因此增加，产品进入成长期的良性循环。同时，为了固定用户群体，抖音开始强化互动，营造社区氛围，引导内容发布者和消费者之间进行互动，以进一步提升用户转化率。

3. 强化品牌定位，扩大曝光范围

产品收益开始有增长趋势，这印证了成长期的第三个特点。对于抖音这款产品，这个时间段重点关注的是如何强化品牌定位，扩大曝光范围。在渠道选择上，抖音也开始与符合自己目标用户群体定位的大热综艺节目进行冠名合作。2018年，爱奇艺《中国有嘻哈》成为网络综艺的佼佼者，吸引了大量年轻有个性的用户群体。抖音看准了这个节目的受众群体，与其进行了官方赞助合作，并让节目参赛选手入驻抖音平台与用户进一步互动，借势节目的热度扩大产品知名度，获取了大量新增用户。

抖音在成长期的用户增长抓住了成长期产品的几大特征，运营策略也都符合成长期特性。树立差异化时，标签化产品，对用户取向狙击。当时的各大渠道中，抖音还看准了电影消费群体，投放了映前广告，标榜年轻、潮流、个性、酷炫，不断强化自己的品牌调性。

同样是短视频平台，产品相似，区别就在于使用的人和内容。当看到种子用户的玩法之后，后入场的用户会跟风，因为品牌就标榜自己是潮流。参与的用户多了之后，品牌效应持续扩大，带来更多新增用户。

做好内容差异化之后，下一步就是看准时机，在目标用户更

密集的渠道上加大投放力度。成长期的产品做渠道投放时要敢于投放，并随时根据用户数据进行调整。抖音在这一点上做到了抓准时机——内容和用户有自己的风格且有积累，产品借助明星效应有了一定知名度，也敢于投放（综艺赞助），因此有了不错的成长曲线。

而更多产品没有看清市场和自己的走向，无法清晰确定自己所处的周期，因此还没等成长起来就直接进入了衰减期。

6.2.3 成熟期拉新策略

不同产品的成长期到成熟期的时间间隔有差别，这主要取决于市场上还有多少存量空间。

成熟期的产品也有三个特点：

第一，需求趋近饱和；

第二，用户增长缓慢，用户基本对产品有了认知，是否有需求已有自己的判断，因此拉新又进入成本上涨的阶段；

第三，产品收益停滞甚至下降。下面还是以抖音为例，来分析产品进入成熟期该如何持续吸引新用户（见图6-4）。

成熟期产品特点	成熟期拉新策略
需求趋近饱和	➡ 专项整合营销
用户增长缓慢	➡ 拓展线下渠道
收益稳定，增长困难	➡ 拓展新的服务与内容

多元商业化探索
基于春节的爆发增长
邀请明星代言
节日红包、百万英雄活动

图6-4 成熟期拉新策略

1. 及时分析用户量,减少固定渠道拉新

互联网产品的发展取决于用户量、用户活跃度、用户转化情况等多重因素。如果用户需求已经趋近饱和,可以预见的是用户量的增长会趋于缓慢甚至停滞,用户活跃度和用户转化率这两个因素是产品延长生长周期的新出路。抖音在 2018 年就宣布自己已经有 10 亿用户量,而 2018 年的中国用户移动设备持有量约为 19 亿,这意味着超过 50% 的用户手机里已经安装了抖音,新用户获取将更为困难,抖音进入成熟期。

2. 在大型全民性质的活动中曝光,争取更大基数的用户认知

由需求量变化引起的新用户增长缓慢是成熟期产品的第二大特点。进入成熟期后,抖音开始将运营重点放在整合营销和线下活动上。由于最开始的年轻、个性、潮流定位用户群体趋近饱和,抖音要寻求用户下沉。2019 年的春节联欢晚会,抖音作为官方短视频合作方参与到春节红包大战的队伍中,扩大了产品知名度,目标用户群体也由精致城市青年扩展为全年龄段人群,迎来了第二波高峰。在春晚活动中,抖音让用户做的核心任务是分享给其他好友,让他们下载、使用抖音,以及通过音波分享获取音符等,这很明显是通过这次大的整合营销曝光资源来尽可能拉取新增用户。

3. 多线条拓展新业务与服务类型,将产品排成矩阵

成熟期产品的第三个特点是产品收益增长开始停滞甚至下降。这主要是由新用户成本获取升高造成的。抖音在产品生长周期的每个阶段基本上都根据该周期产品特点去运营。在成熟期,产品最担心的是需求饱和带来的用户兴趣失去乃至衰减,因此头

条系的做法就是对能快速做成超级流量池的产品尽全力扶持，饱和后继续孵化。

抖音在成长期后半段也做过类似的尝试，比如红极一时的"百万英雄答题"产品，这是一款由今日头条和西瓜视频推出的产品，而在抖音中明显属于矩阵入口之一。这款产品的用户收益既有趣味性又有强烈的诱导性——答题分钱，同时还借助明星效应吸引用户，让产品的互动性更强。用户答题失败、想要再次获得答题机会的方式是拉好友进入该产品。头条、抖音等矩阵产品使得百万英雄一炮而红，直接带来的产品增益是西瓜视频搜索指数暴增，并且当时在 App Store 排行榜中冲到前三。不仅如此，这款现象级活动产品本身是答题性质，题目、出题人、主持人这些产品元素还带来了新的商业价值。

6.2.4 衰减期的特点与案例

如果产品在成熟期后半段没有找到新的方向，那么产品就会不可避免地进入衰减期，尤其是需求比较有限且可替代性较强的产品。

衰减期的产品也有三个特点（见图 6-5）：

第一，用户需求减少；

第二，用户需求减少导致用户流失；

第三，流失的用户需求被进一步切分，导致产品进入衰减直至最终退出市场。

这里我们拿一个红极一时的产品——映客举例。2015 年"千播大战"时期，映客的势头非常好。映客的探索期很短，主打全民直播，主推明星和女性直播内容。之后利用积极的渠道策略进入成长期，2016年年中就宣布注册用户突破一亿，已经可以进入直播界排行前列了。但随着直播平台陆续出现一些负面内容，加上短视频的崛起，用户对秀场类直播内容的兴趣逐渐转移，映客开始进入衰减期。

图6-5 衰减期产品特点及应对策略

映客的产品经理和运营人员是觉察到了用户流失的势头的。此时映客的运营重心除了维系留存用户的产品需求，更多开始拓展细分垂类的用户需求，准备将部分可能会流失的用户进行迁移，以减少损失。2017年年底，映客推出直播答题产品——芝士超人，但由于直播答题类产品生存环境的影响，这次用户迁移没有达到预期。

逻辑上，直播产品的用户需求是一直存在的。直播的核心在于贡献内容的主播，因此如何做好主播们的用户运营，引导这些用户做好分层和沉淀，通过用户和内容的沉淀带来分享和拉新是产品在成长期应该解决的问题。当付费用户已经下降了76%，主播已经减少87%的时候再关注，新用户的获取成本已经远高于探索期和成长期了。

6.3 通过数据分析选取渠道

我们需要根据不同的产品生长周期来选择获取新用户的渠道和策略，否则无法准确判断渠道的好坏。比如，如果产品在成长期，每个渠道都投放，从数据上来看新用户呈上涨趋势，但过了成长期反而会发现同一个渠道新用户获取量在不断下滑。同一个渠道，不同的数据表现，因此不能单纯从数据上衡量渠道的好坏。

如果运营人员已经根据产品所在的不同阶段制订了不同的渠道策略，回到渠道选择上，应该如何通过数据衡量渠道的质量呢？

在投放线上渠道之前，我们会在产品中埋下不同的用户行为日志数据点，用以收集用户行为数据，以便后续进行更好的迭代与运营。用户行为数据有多种、多层，在众多用户数据中，我们应该重点看哪些呢？

用户进入产品的整个路径分为进入产品前、在产品中和离开产品后几个阶段，相应地，在渠道的用户数据中，我们也可以根据这几个阶段来进行数据分析。

（1）进入产品前

- 点击 UV：进入产品之前，用户在投放渠道中点击渠道物料的次数。
- 下载量：用户点击物料后实际下载的数量。
- 激活量：下载后进入产品的用户量。

（2）在产品中

- 参与交互量：用户进入产品后点击、滑动等交互行为量，不同产品的定义有所不同。

- **下单（主交互行为）量**：用户在交易类产品中完成的订单量，或非交易类产品中完成主交互行为的数量，如知乎等社区类产品中完成提问、回答、评论等主要交互行为的数量。

（3）离开产品后

分享量：产品一般将用户的分享行为设计在用户完成一次主交互之后，因此是否分享了数据可以说明用户对产品的认可程度以及后续持续活跃的可能性。

以上几个指标是根据用户路径需要观察的用户数据，我们需要根据这一系列数据来进行进一步的分析。

通常情况下，渠道运营在判断渠道质量的好坏时会看该渠道的用户激活率，相应地，许多渠道资源方也是按照用户激活率来进行渠道计费的。而用户运营通过用户路径来进行进一步的分析与观察，可以协同渠道运营挖掘出性价比更高的拉新渠道。

这里以一个电商类的用户数据为例。如图 6-6 所示，一款电商产品投放了 8 个线上渠道来拉新。这 8 个渠道中，如果只看激活率，无疑质量最高的是渠道八，激活率高达 15.96%，理应继续加大投放力度。然而加上进一步的用户行为数据——下单率再看，哪一个渠道的质量最佳就有了不同的角度。

在这 8 个渠道中，第一个验证出来效果不佳的是渠道五。从这个渠道的用户表现可以看出，用户激活意愿差，激活后更是几乎无后续用户行为，说明这个渠道的用户并不是产品的目标用户，应停止在这个渠道上的投放。而渠道三和渠道六的激活率也不理想，分别只有 1.77% 和 2.65%，如果以激活率来衡量渠道质量，也应该考虑停止投放。然而继续观察用户行为会发现，这两个渠道的用户下单率却相对较高，这说明只要进入产品的用户有很大比例最终在产品里满足了核心需求。因此对于这个渠道，可以考虑优化物料来吸引更多用户，并继续观察用户激活是否有提升，以及提升后相应的下单率是否能够维持。

渠道	点击UV	下载量	激活量	参与交互	下单量	分享量	激活率	下单率
渠道一	5 348	369	191	35	12	3	3.57%	6.28%
渠道二	3 286	486	295	67	35	9	8.98%	11.86%
渠道三	566	23	10	6	2	1	1.77%	20.00%
渠道四	25	3	2	2	0	0	8.00%	0.00%
渠道五	784	21	6	3	0	0	0.77%	0.00%
渠道六	12 149	675	322	124	89	21	2.65%	27.64%
渠道七	964	119	69	32	13	5	7.16%	18.84%
渠道八	2 456	589	392	186	63	21	15.96%	16.07%

图 6-6　不同渠道下的用户数据

因此对于示例中的这款产品，结合用户路径看渠道带来的用户质量情况，除了激活转化，还有其他后续的指标可以进行辅助判断。

将激活率、下单率、分享率等后续用户行为数据加入之后，有 4 种需要重点关注的指标表现类型（见图 6-7）。其中，横坐标是不同渠道；柱状图对应的是左侧纵坐标——激活率，也就是不同渠道下新装用户中激活用户的占比；折线图对应的是右侧纵坐标——下单率，指的是不同渠道下新装用户中下单用户的占比。同一个渠道下两个纵坐标的数值要综合来看，而不是只看其中一个，这样可以更全面地判断渠道的用户价值和用户质量。

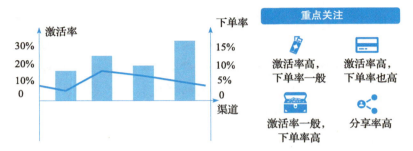

图 6-7　综合分析渠道质量

（1）激活率高，下单率一般

这种类型，从渠道运营角度来看，用户到了激活这一步就说明渠道已经完成了拉新。然而从用户运营的角度来看，用户进入产品只是刚开始，后续的用户行为是需要长线观察的。如果渠道的激活率还可以，但后续转化却不是非常理想，那么这个渠道带来的用户质量还有待观察。

图 6-6 里的渠道四就属于这种情况。这个渠道虽然物料点击用户数不多，但点进来的用户中有 8% 成为激活用户，甚至后续还有交互行为，然而最终都没有转化。物料点击数低，激活率高，后续转化差，这个渠道从新用户获取的质量上来看算不上优质。

对于点击数低这一点，可以更换渠道物料进一步判断点击少的原因，看看是物料不吸引用户还是渠道本身用户量过少。而用户进入产品却都没有完成进一步转化，原因究竟是渠道用户不符合产品定位还是中途哪个环节出了问题，这一点也需要进一步分析拆解，否则后续的用户行为也会不符合运营预期。

（2）激活率高，下单率也高

这种渠道是非常理想的渠道。图 6-6 中的渠道二、渠道七和渠道八都表现出了这样的特征。从新用户激活绝对值、激活率和下单率上来看，这类渠道都优于其他渠道。从激活率来看，投放的渠道用户对产品本身兴趣较高，是目标用户的可能性较大；后续的下单率也高，说明用户进入产品到下单前的路径需求都得到了满足。对于这种类型的渠道，可以加大投放力度，同时针对这一渠道的用户行为进行单独分析，精准营销。用户被转化的原因可能是投放物料反馈的品类、价格等多种因素，定期更换可以交叉验证，以持续吸引更多新用户。

（3）激活率一般，下单率高

这一类渠道是最容易被忽略的，因为如果我们只根据用户激活情况来判定渠道的好坏，这类渠道很可能在初步验证渠道效果的时候就被放弃了。然而如果根据用户路径进一步观察会发现，这个渠道虽然激活率较差，但有着比激活率高、下单率也高的渠道更为理想的成交量，它同样是有很大成长空间的，优化好了，甚至会优于激活率高、下单率低的渠道。

激活率差说明在该渠道投放的物料对用户的吸引力弱，用户无点击欲望。吸引力弱也有两种比较典型的原因：要么是投放物料不吸引用户，要么是该渠道的用户根本不是目标用户。判断后续行为能进一步确认原因，如果用户后续的数据表现与激活率一样不理想，那说明确实属于投放平台预估失误。如果用户虽然激活率差，但后续却有下单行为，可以看出该平台用户实际对产品是有需求的，只是缺乏进入的诱因，那么就应该更换物料继续投放，观察后续用户表现，确认渠道用户是否符合产品目标用户特征，以及可优化空间有多大。

（4）分享率高

通常情况下，渠道运营不会追踪用户行为到这么深的环节，但用户运营需要根据用户路径分析每一步的用户行为。除了激活率和下单率之外，用户分享也是需要特别注意的行为。首先用户的分享行为往往是用户在离开产品之前的最后一个路径，其次用户分享行为是一种主动交互的行为。

图 6-6 中的渠道六就是一个值得深入研究用户行为的渠道。可以看出，这个渠道在激活率上表现一般，然而下单率却表现优异。说明通过该渠道进入产品的用户对产品需求强烈，促成了后续的成交。同时，该渠道值得注意的还有用户分享行为，用户的主动分享数量高，那么可以具体分析用户分享的是哪一个商品或页面，该渠道的高下单率是否与用户的分享有直接关联。在优化这类渠道的过程中，可以以最终用户实际分享率较高的产品页面为出发点，优化用户点击到下载的过程，从而改善该渠道流失最多的下载环节，提升整体的渠道质量。

6.4 获取新用户的另类方式——品牌营销

前几节介绍了新用户获取的常见渠道、产品生长周期与渠道策略，以及用户运营如何通过分析用户行为，协同渠道运营更好地优化渠道质量。除了这些渠道类型，还有一种获取新用户的渠道类型让各大产品既心生向往又望而却步，这就是通过品牌营销来获取大量新用户。

6.4.1 品牌营销的优势与难点

品牌营销虽然是一种获取新用户的渠道，但通常品牌营销的项目是由市场部来完成的，这是因为品牌营销本质上是一种市场营销行为，是通过市场营销将产品抽象成一种品牌形象并推送给尽可能多的用户并获得用户认知的过程。相比渠道网络，如何抽象出产品的品牌形象并在包装后输出给用户，才是品牌营销的核心，而这是由市场部策划完成的。

品牌营销让众多产品心生向往的原因其实不难理解，一个成功的品牌营销案例可以吸引大量用户，并在后续可能引发多次传播效应，增加曝光量。品牌营销是集中一段时间最大化地将产品推广给全部用户，突出的品牌个性和标签化用户属性可以为产品快速吸引目标用户，且目标用户之间还会进行交流，确认彼此的标签并进一步向外传播，吸引更多潜在用户。

品牌营销的优势如此明显，为何会让众多产品望而却步呢？这个原因也非常现实：在试图打造品牌效应的产品中，成功的品牌营销案例太有限了。想要做好品牌营销，仿佛需要天时、地利、人和才能塑造出成功的案例，产生某种品牌效应。虽然有许多成功的品牌营销案例，但直接照搬往往无法达到预期目标，更重要的是——最终收益难以与投入达到平衡。

那么品牌营销是不是完全靠运气，无法效仿呢？显然不是，如果是这样的话，为什么有那么多品牌借助营销获得了众多关注呢？

从产品生长周期与渠道策略可以看出，并不是渠道本身有好坏，而是在选择拉新渠道之前应该先关注自身产品所在的周期是否适合想要选择的渠道类型。对于品牌营销来说也是一样。

6.4.2　品牌营销适用的产品周期

由产品的四个生长周期可以看出，探索期产品的品牌并没有优势且产品定位还不清晰，这个阶段如果一味效仿品牌营销方式向外传播，在新用户进入产品后，产品在成长中定位发生变化，那么早期积累的用户流失后需要重新塑造产品形象，得不偿失。此外，探索期产品的体验还不够稳定，新用户被吸引进入产品后的转化与留存未必理想。因此探索期产品不适合进行大规模的品牌营销。

成长期产品的特点是产品有稳定的用户群体，产品定位逐渐清晰，这个阶段是最适合使用品牌营销做拉新渠道的阶段。有清晰定位的产品，比较容易标签化品牌差异特征，这时如果抓准了特征强化用户认知，很有可能在营销过程中产生品牌效应，引发后续传播。

成熟期产品由于在自己所在行业领域已经空间有限，新用户获取的成本相比成长期显著增高。与此同时，用户对品牌已有固定认知，此时再用品牌营销方式去拉新用户的性价比并不高，反而应该将精力用于促使老用户活跃、提升转化，以及拆分用户需求、拓展新的产品方向。

对于衰减期的产品，用户流失这一现象已经印证了用户有了新的产品可满足自身需求，这时再通过品牌营销的方式获取新用户是性价比极低的做法。

从产品特点上看,适合品牌营销的产品需要有典型的产品核心差异化特征,且目标用户是相对明确的,否则无法打出品牌的用户认知,自然也无法获得新用户。

做品牌营销是可预期的高投入行为,在执行落地时需要线上、线下全渠道覆盖。因此在做品牌营销之前需要考虑到是否有适合进行二次传播与发酵的特征,通过后续持续发酵以及强化用户认知来获得大量新增用户。如果无法引起用户共鸣并进行二次传播,那么品牌营销的最终效果会大打折扣。

6.4.3 品牌营销的成功案例

这里我举两个业界认可的品牌营销成功案例。

2010年7月,凡客诚品邀请了韩寒和王珞丹出任品牌形象代言人,用一段个性化文案配上品牌代言人的形象照占领了各大线上线下渠道。当时此广告一出,无论是行业内还是普通用户都被这种新奇的推广方式吸引,凡客诚品获得了大批新增用户。

凡客诚品是2007年建立的,在签约代言人推出凡客体的时候产品已经不断探索并积累了3年用户。在签约代言人之前,凡客就依靠不同类型的爆款单品以及设计师合作产品完成了品牌的定位——个性化、高性价比的服饰产品网络平台。

基于之前探索期的产品积累,产品慢慢进入成长期,在这个时期凡客请奥美设计了一场在2010年轰动一时的品牌营销。从代言人上来看,凡客邀请的代言人切入了品牌目标用户会产生共鸣的名人——韩寒、王珞丹。韩寒的个人特点放大了品牌自身的特点：追求个性，追求不同，不走寻常路，不强迫自己融入主流。而在当时电视剧《奋斗》热播，王珞丹在《奋斗》中的角色也使得用户将其印象强化为"奋斗的年轻人"，丰富了品牌的自身特征。

代言人与有"文字公式"特征的代言文案（见图6-8）传遍了网络。由于目标用户本身就是网络上颇为活跃的群体，因此在此广告占领各大渠道之后，网友们开始根据这套文案进行二次创作与二次传播，将一次品牌营销演变为"凡客体"这样的品牌效应，强化了品牌的用户认知。

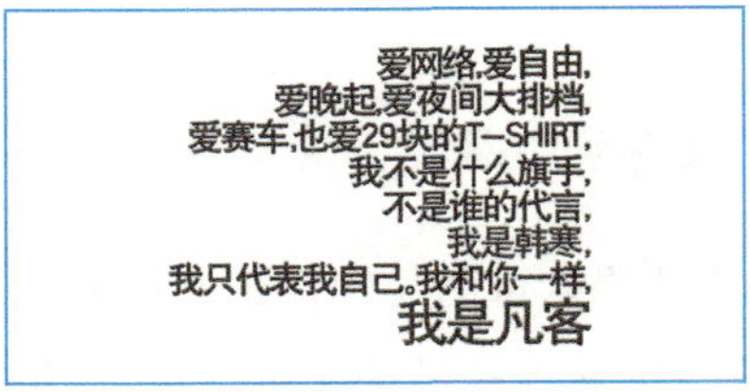

爱网络,爱自由,
爱晚起,爱夜间大排档,
爱赛车,也爱29块的T-SHIRT,
我不是什么旗手,
不是谁的代言,
我是韩寒,
我只代表我自己,我和你一样,
我是凡客

图6-8 凡客体

通过品牌营销，凡客诚品2011年的用户增长是2009年、2010年用户增长总和的两倍。2009年、2010年凡客诚品的新增用户为150万，到了2011年，凡客诚品新增了300万用户。而新用户进入产品之后，为了承接住新用户对品牌"高性价比、个性化"的认知预期，凡客诚品也在网站上开辟了与设计师合作的专题区域。在服装行业，服饰的设计是成本中占比较高的部分，而凡客诚品募集了大量年轻、优秀的设计师，通过分成的方式实现了服饰设计成本的控制，且同时满足了用户预期，使得这一部分通过品牌营销进入产品的新用户后续的转化情况都比较符合预期。

凡客诚品营销的成功是在 2010 年，当时互联网上还没有兴起这种营销方式，而网易云音乐是在充斥着多种营销方式且用户已经熟知营销套路的 2017 年，通过品牌营销刷爆网络，打开了用户认知。

2013 年 4 月上线的网易云音乐在探索期完成产品定位后，着重以"歌单分享"为产品核心，主打的是网友之间互相分享音乐和歌单这一社交功能。最初网易云音乐以精致、小众、独立音乐为差异点，吸引了许多对音乐本身有交流需求的用户。最初黑胶唱片的界面设计受到了目标用户的一致好评，网易云音乐等于有情怀的音乐 App，因此独特、精致、有情怀成为产品使用者的标签。

而在经历过一段时间的用户积累之后，网易云音乐进入成长期。为了积累更大范围内的新增用户，网易云音乐开始有意地向全网有音乐需求的用户进行扩张和下沉。2017 年，经历了 4 年的用户数据积累，网易云音乐从产品中的 4 亿条用户评论中选出了数千条高赞评论，做成海报铺满了杭州地铁 1 号线（见图 6-9）。

图 6-9　网易云音乐杭州地铁营销

通过将产品中核心交互——评论进行扩大展示，网易云音乐

"一首歌一个故事""情怀音乐 App"的用户认知迅速扩散，获得了一批新增用户。从 2013 年 4 月上架到 2017 年 4 月，网易云音乐的用户数累积到了 3 亿，但在这次品牌营销活动开始 3 个月后，2017 年 11 月，网易云音乐宣布用户数突破 4 亿，短短的 3 个月内就新增了 1 亿新用户。

回过头来看，凡客诚品和网易云音乐的品牌营销有哪些共同点？如果是你在为产品规划渠道策略，如何判定是否该做品牌营销？在营销过程中需要注意什么？

首先，成长期的产品才适合做品牌营销，要先根据产品及产品的用户特点来判定产品是否在成长期。无论是凡客诚品还是网易云音乐，都是在发展了几年，度过了探索期之后，才开始大范围进行品牌营销的。这个阶段是需要迅速利用产品特点吸引新用户的阶段，运营好了会为产品带来大量新增用户。

其次，产品有明确的可以进行抽象的差异化特征才适合做品牌营销。从用户需求满足上来看，市面上同质的产品不在少数，因此在营销时抓准差异化输出用户认知非常重要。网易云音乐推出之时，QQ 音乐、酷我音乐、酷狗音乐基本已利用版权优势占领了音乐市场。网易云音乐从中找出"社交分享"这一差异化的点，从小众出发，打造精致感和情怀，立住了品牌设定，最终通过优质评论推出了音乐社交软件的用户认知。

最后，可持续传播和发酵的品牌营销才可达到预期收益最大化。凡客诚品的"凡客体"是因为后续网友自发开始二次创作和传播才得以扩大传播范围。网易云音乐的地铁评论是因为用户自发拍照传播到平台才吸引了更多用户的关注。如果在品牌营销初期，没有想好通过在哪一个环节、哪一个平台引爆后续传播，仅一次性地铺满渠道、占据话题，则获取新用户的效果不会太理想。话题转瞬即逝，而品牌本身传达的共鸣与参与感才是促使用户主动传播的原动力。

6.5 不同类型产品的拉新策略解析

1. 电商产品拉新策略——上瘾

电商类产品的拉新设计除了考虑需求以外，更多的是通过利用人性来达到拉新裂变的目的。比如，大家经常收到的"帮我砍一刀"链接就是拼多多的出圈设计。拼多多运用上瘾模型"触发—行动—多变的奖励—投入"，让大批用户痴迷于"砍一刀"的赏酬游戏。

首先来看大家最熟悉的"触发"场景。拼多多在全渠道传递了最简单直接的信息：免费。如"砍价免费拿，天天领好礼""邀请好友开宝箱，领取无门槛现金""助力享免单"之类的宣传语能够激发大多数用户的好奇心、征服欲与"不转白不转"的心理。

其次在行动上，傻瓜式的点一点、砍一刀、转一转的操作，极具诱惑的奖励，滚动着的已获得奖励用户列表，都刺激着用户自发完成从0到1的一整套拉新动作。

多变的奖励很好理解，和抢红包类似。如果事先谈好给你发1块钱红包，你并不会有什么兴趣去提前蹲守、收红包；如果开红包具有不确定性，不论是得到几毛、几分，在已抢列表中排名是不是最高，都会让你上瘾。

最后谈谈投入。拼多多在投入上利用的是人们对沉没成本不放弃的心理。一个明显的例子是，拉了几个新用户后助力红包已达 98 元，到 100 元即可提现，可越往后助力红包越小，甚至只有几分钱一个。虽然离成功遥遥无期，但已经付出了这么多，很多用户不愿放弃，还是会不断拉新。

2. 工具类产品拉新策略——差异化

在工具类产品的拉新策略上，差异化大多体现为好玩，而好玩的核心实际是好用。在市场同类产品基础体验大体相同的情况下，一款工具类产品要想出圈，破圈赛道就要在不同的用户圈层获取。比如输入法赛道，搜狗输入法以皮肤、表情包出圈，吸引大量青少年、女性用户，在后起之秀奋起直追的形势下以独特的附加功能三年里保持平均 3.5 亿以上的 DAU，稳坐国内输入法日活第一把交椅；而科大讯飞以语音输入准确率 98% 备受职场人士、打字困难的老年人青睐；百度输入法主打智能预测，三年间增长迅猛，DAU 提升近 50%。

3. 平台类产品拉新策略——上下兼容

平台型产品发展到平台期后，均会面临增长乏力的困境。已有用户圈层稳定，产品调性也形成了固定的品牌认知，很难打破僵局。于是受拼多多和淘宝竞争格局的启发，各大娱乐信息分发 App 打起了分身术之战，一时间"极速版""大字版""青春版""简单版"此起彼伏，与主版本动辄百十来兆的安装包体积相比，低至一二十兆的下载流量吸引了大量流量敏感用户、老年人、青少年用户。既不想改变产品调性，又希望吸引下沉、老年、青少年群体，一种自发的靠内容、流量来进行用户分层的拉新策略取得了非常好的效果，如抖音极速版、快手极速版 DAU 均已破亿，抖音火山版 DAU 超过 3000 万。

第 7 章 | CHAPTER 7

用户的转化与留存

在做好新用户获取之后，用户运营最重要的工作就是提升用户的转化率与留存率。本章会从用户转化与留存的定义开始，探讨为什么要做用户转化与留存，最后会结合案例来讨论如何提升用户的转化率与留存率。

7.1 AARRR 模型：用户运营目标与数据指标

在了解用户转化与留存方法之前，我们首先了解一下有哪些用户行为数据。用户行为数据由浅入深有不同层级，而不同层级之间的漏斗数据就是用户的转化数据。

前面提到的用户路径是以用户视角进入产品并使用产品的全过程，而用户行为则是通过产品运营视角来看，用户使用产品过程中产生的种种行为。

下面来看看用户行为模型——AARRR 模型及其衍生数据指标（见图 7-1）。根据用户深入产品的程度，用户运营可分为 5 个运营阶段：获取用户（Acquisition）、提高活跃度（Activation）、提高留存率（Retention）、获取收入（Revenue）、自传播（Refer）。这 5 个阶段的用户量普遍呈漏斗形状，而这个模型称为"AARRR 模型"。

在 AARRR 模型里，用户行为每深入一步，便有一个转化漏斗。转化到最后一步的用户则可视为产品的深度用户。

可以看到，在 AARRR 模型中，5 个关键漏斗是用户运营的运营目标，而每个运营目标都有其对应的运营数据指标。这里我将数据指标分为一级指标和二级指标两类。

图 7-1 AARRR 模型及其衍生数据指标

7.1.1 获取用户及其数据指标

第一个 A 对应着用户运营的第一个运营目标——获取用户。在这个目标里，我们会关注的一级指标是新增用户数。前面讲过渠道拉新，直观看到的拉新效果对应的就是新增用户数的多少。

而对于用户运营而言，新用户获取除了要关注一级指标新增用户数，还需要关注衍生的二级指标：获客成本及新老用户占比。

（1）获客成本

获客成本即新增一个用户所需要付出的成本，不同产品衡量方式略有不同。最常见的衡量方式有两种：一种是按照获得一个新安装用户的成本来衡量，另一种则是按照获得一个注册并激活用户的成本来衡量。用户运营经常被要求花最少的钱带来尽可能多的新增用户，因此不同运营方式和渠道所带来的新增用户数最终要换算成获客成本来指导后续的运营方式和渠道选择。

（2）新老用户占比

新老用户占比是用户运营在获取用户时需要关注的另一个二级指标。或许你会认为，新老用户占比和获取新用户之间没有必然联系。如果单纯从新增用户的绝对目标来看，或许只关注如何以最低成本带来最多的新增用户就可以了，然而用户运营的视角应该是贯穿用户路径全程的，因此用户价值要结合产品生长周期和用户生命周期两条曲线来交叉衡量，这样来看的话，只有新增用户数就略显单薄。

从产品生长周期来看，随着产品从探索期进入成长期、成熟期，老用户的占比应该逐渐提升，这样产品的用户占比才健康。如果一直处于新用户占比更高的状况，说明老用户在产品内的留存情况较差，这样一方面会持续提升获客成本，另一方面会导致后续转化留存情况更差。

7.1.2 提高活跃度及其数据指标

获取新用户只是用户运营的第一个目标，下一个目标是模型中的第二个 A——提高活跃度。这也就是转化与留存中用户运营操作空间较大的第一个地方：将新用户转化成活跃用户。

针对提高活跃度这个目标，一级指标是活跃用户数。关于活跃用户的定义，不同的产品会略有不同。有的以登录为衡量指标，有的以下拉这种轻交互行为为衡量指标，还有的则以点击为衡量指标。

虽然定义会有细微差别，但通常在产品内主动完成交互的用户就可以视为活跃用户。活跃用户的数量可以体现出产品的核心价值被用户认可的程度，因此如果一款产品的活跃用户占比高，则行业内也会判断其产品价值高。

不同产品对提高活跃度的一级指标的关注点也会有所不同。根据用户使用产品的实际场景，大部分产品都会关注的指标为日活跃用户量（DAU），即以日为周期使用产品的用户量，但还有许多产品会关注月活跃用户量（MAU），即以月为周期使用产品的用户量。

活跃用户对应的二级指标为活跃用户占比。用户活跃数是一个绝对值，是一款产品中活跃用户的总量。而用户活跃占比则是相对值，是活跃用户占所有用户的比例。

既然已经关注了活跃用户数，为什么还要看活跃用户占比呢？

我们可以通过例子来看一下同样的活跃用户数，占比不同所透露出的信息有何不同。假设一款产品日活跃用户数是100万，这看上去是一个用户较为活跃的产品，然而仅靠活跃用户数估算出的产品价值是不精确的，无法指导用户运营制定下一步的运营目标。

加上活跃用户占比的维度，活跃用户数就有了不同的解读。同样一款产品，假设产品的注册用户数为1000万，则100万活跃用户对应的活跃用户占比为10%；假设产品的注册用户数为

300万，则100万活跃用户对应的活跃用户占比就变成了33%。对于一款1000万注册用户、活跃用户占比是10%的产品，用户运营需要关注的是如何提升老用户的活跃度；而对于一款300万注册用户、活跃用户占比有33%的产品，用户运营更需要关注如何拉动更多的新增用户。

7.1.3　提高留存率及其数据指标

第三个用户运营目标是提高用户在产品中的留存率（AARRR模型的第一个R）。

前面提到，通过一款产品的活跃用户数及活跃用户占比可以看出用户对产品的认可程度，同时还可以指导用户运营制定下一步的运营目标。新增用户在知晓并打开产品后，假设其可以在一定周期内转化成活跃用户，那么他们就可以称为留存用户。新增用户转化为留存用户，意味着他们对产品的认可程度高，因此如果产品的用户留存率这一指标很高，产品的价值是可以得到进一步提升的。

在AARRR模型中，我们已经了解了三个漏斗层级。其中新增用户数的提升是为了让更多用户知晓并打开产品，提高活跃用户数是为了让更多打开产品的用户使用产品，而提高留存率则是为了让更多新增用户转化为活跃用户，后续这部分用户才有可能持续使用产品。

不同产品的产品属性会导致衡量留存率的指标有所不同，但无论产品类型的差异如何，对指标数据也只以时间周期的长短来区分。通常产品经理看的留存数据中，一级指标有次日留存率、

3 日留存率及 7 日留存率，二级指标有用户访问时长。

先来看一级指标。一级指标对应的几个留存数据及其定义分别是次日留存率、3 日留存率和 7 日留存率。

次日留存率即第 1 天新增用户中第 2 天仍到访产品的用户与第 1 天新增用户数的比值，是反映产品对用户是否有吸引力的指标。

产品获取新用户是有成本的。用户在初次使用产品后，第二天是否还会打开产品能够直观反映出产品对于新用户的吸引力以及产品本身是否对用户产生了价值。

除此之外，通过次日留存率还可以快速判定渠道的用户质量。相比次日留存率仅 20% 的渠道，次日留存率达到 50% 的渠道带来的用户的质量明显更高。

3 日留存率是新增用户在首次登录后第 3 天还到访产品的数量与第 1 天新增用户数的比值。3 日留存率是在次日留存率后下一个会观察的指标，通常会平缓递减，如果在某一时间段出现骤减，则需要分析是否出现什么变动引起用户的异常流失。

7 日留存率是新增用户在首次登录后第 7 天仍到访产品的数量与第 1 天新增用户数的比值。这部分用户可视为产品的忠诚用户。他们对产品的认可度高，后续需要进一步转化时意愿也会比次日留存用户更高，因此需重点维护和提升占比。

通过一级指标，可以直观地看出使用过产品的用户中在一定时间周期内再次使用产品的用户的占比。

用户留存的二级指标是近两年各产品越来越重视的用户访问时长。在第 1 章讲用户运营价值的时候我就曾提过，由于用户数量的增长空间日趋狭窄，且成本居高不下，各大互联网产品已经开始以用户对产品的关注时间来衡量产品对用户的价值。用户可能会因为一些运营手段在3天、7天内再次使用产品，但如果结合用户访问时长的数据指标来看，在用户留存率提升的同时用户使用产品的时长并没有提升，那么产品所占用的用户关注度还是不够高，产品所占据的市场份额还需要进一步衡量。

那么用户访问时长怎么计算呢？公式如下：

DAU（日活跃用户数）× 单 UV 时长 = 用户访问时长

由这个公式可知提升用户访问时长的两个可行手段：提升日用户活跃数和提升单 UV 下的用户访问时长。而这两者都是用户运营的主要职责。

为了提升日活跃用户数，运营需要做什么？有两大手段：差异化建设和社交链。

（1）差异化建设

在性质类似的多个产品中，有的比其他的更能吸引用户使用，主要原因在于这些产品给用户带来了差异化感受，也就是用户认为它们更符合自己的调性，更懂自己。因此用户运营提升日活跃用户数的第一个手段就是帮助产品完成初始差异化建设。

产品的差异化可以从内容、用户认知两方面入手。在这两方面有针对性的差异化运营，都可以成为产品找到自己赛道的关键。

比如近两年在用户访问时长上一枝独秀的短视频类 App，几大头部产品虽然有一定程度的用户重合，但产品本身都在内容和人群上仔细做了区分。即使用户体量无法达到头部产品的规模，垂直类的短视频产品也可以根据不同的内容和用户群体分出家装型、美妆型、导购型、教育型等类别，并在自己的类别上进行精细化运营来提高用户活跃度和用户访问时长。

内容由用户生产，用户又浏览内容，且用户对产品的认知往往来源于产品里的内容。而能够让用户产生差异化认知的内容是可以被刻意引导生产的。这就需要用户运营去挖掘能够生产内容的核心用户，并通过这些用户生产的内容强化其他用户对产品的认知。上述例子中不同分类的短视频产品，其核心用户所在平台和场景各不相同，运营需要去分类寻找这些用户平台并通过运营手段拉动核心用户使用自己的产品。

（2）社交链

用户的活跃度和黏性很大程度上取决于用户与产品之间的社交链深度。举例来说，微博虽然在时长上很难与新晋的用户新欢——短视频社区相比，但是它仍然可以达到 1.5 亿以上的日活跃用户量，为什么？因为它有自己的社交链，一个用户只要在这个社交链里植入够深，哪怕他沉默了 3 个月，还是会在适当的场景下因为一些哪怕是微弱的社交链被召回的。

在社交链建设这一点上，用户运营起到了非常关键的作用，因为整个用户的成长体系和管理体系都依赖用户运营去建设和维护。

而提升用户访问时长的第二个手段是提升用户的单 UV 访问时长。

自 2017 年起，用户访问时长的主要增量市场来自短视频社区，这一点在短视频消费的主要群体——年轻人群体中尤为明显。根据 2020 年 QuestMobile 秋季报告，抖音的 90 后群体月人均使用时长已接近 2000 分钟，甚至超过了长视频平台。

用户打开一款产品，其在产品中的停留时间取决于自己所需的内容以及相关的其他内容。而增加内容的量级需要内容运营来完成，虽然内容运营在提升内容质量和数量时会与用户运营协同，但这一工作主要还是由内容运营完成。而海量内容如何与用户需求进行匹配，则需要用户运营根据用户画像来推算如何让同一个用户持续在产品内停留与消费。

7.1.4 获取收入及其数据指标

我们让用户打开产品，希望他们经常使用，而最终的出口还是商业变现。因此用户运营的第四个目标就是 AARRR 模型中的第二个 R——获取收入。

很多互联网产品在模块上就有用户直接付费的变现方式，如电商的商品销售、视频站点的会员体系等，这类变现模块对应的一级指标为交易用户数。

从交易用户数的数据表现可以看出产品能直接带来的商业价值。而可以辅助用户运营进行数据分析的二级指标则为付费用户占比和用户 ARPU。

先看付费用户占比。虽然从一级指标中我们就可以看到所运营产品的交易用户数，但交易用户数是个绝对值，而付费用户占比则是付费用户数占全部用户数的比例，这个比例才能反映将非付费用户转化为付费用户的空间。如一款产品的付费用户数为 10 万，付费用户占比为 10%，则有 90 万用户还没有过交易行为，结合用户的活跃行为可以对这 90 万用户进行进一步挖掘。

ARPU 是 Average Revenue Per User 的首字母缩写，即一定时期内单个用户产生的收入。需要分析这部分数据的原因是，不同类型的产品的付费场景、交易额差异巨大。比如汽车，其交易用户数和付费用户占比难以与生鲜类电商相比，然而汽车这类产品一旦形成交易，单个用户的交易额远高于生鲜类电商。

7.1.5　自传播及其数据指标

用户运营的最后一个目标，即 AARRR 里最后一个 R，是促进用户的自传播。

自传播对应的一级指标是传播用户数，二级指标是传播带来的新增用户数。用户自传播不仅可以为产品带来品牌价值，还可以为产品带来新增的高质量用户。

AARRR 是用户运营用来提升用户活跃度、提升用户留存率的最基础的漏斗模型。从新用户到进行自传播的用户，越往下用户价值越高。每一层转化都会有用户流失，因此用户数量是逐级递减的。用户运营追求的是尽量减少每层漏斗中流失的用户数量，在一个产品中最大化用户价值。

从漏斗中我们可以看到，所谓的用户转化其实是两个层面的转化：一个是用户由非活跃用户向活跃用户的转化，另一个是用户由非付费用户向付费用户的转化。

从用户路径与运营职责来看，拉动新增用户主要是渠道运营的运营职责，用户运营主要在其中进行新增用户的质量提升；而从用户打开产品后开始使用一直到用户自传播的阶段,每一步的用户行为分析与优化都属于用户运营的职责范围。

7.2 用户生命周期与用户价值

由用户漏斗模型我们了解了用户运营关注的用户转化和留存指标,下一步就可以来看一下如何提升用户转化率和留存率。为了便于理解,本节首先介绍两个基础概念——用户生命周期与用户价值(Life Time Value,LTV),如图7-2所示。

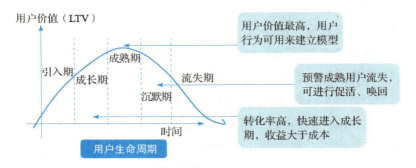

图7-2 用户生命周期与用户价值

(1)用户生命周期

渠道运营将用户引入产品后,用户开始与产品建立联系,开始在产品中成长;随着联系的增多,用户与产品之间的联系变得越来越紧密;而后随着注意力逐渐被其他产品切分,用户会渐渐减少与产品的联系而变为沉默用户,直到最后流失。

第 6 章根据产品的发展曲线描述了产品生长周期，产品在生长周期的不同阶段所表现出的特征是不同的。那么用户生命周期是什么呢？

如果将用户在一款产品中的行为轨迹当成一个生命周期，那么从最初用户了解、知晓产品开始，整个周期中将经历引入期、成长期、成熟期、沉默期和流失期五个阶段。在这五个阶段，用户为产品所能创造的价值是不同的。

（2）用户价值

用户生命周期是时间维度的，而用户价值指的是用户在一定周期内产生的价值。这个周期的准确定义是用户从进入产品到流失的生命周期，但由于不同产品的用户生命周期并不容易准确计算，因此通常可以将用户生命周期限定为一个固定周期，如一个月。在这个周期内计算减去营销成本后用户为产品带来的价值。这个数据可以帮助运营衡量营销活动带来的增益，进而优化营销方式。

用户生命周期和用户价值之间的关系是：在引入期，用户运营成本高于用户创造的价值；而到了成长期，用户创造的价值开始大于运营成本，直到达到价值最大化，用户进入成熟期；而后随着用户逐渐转变为沉默用户，用户运营成本又高于用户创造的价值；最后用户流失，不再为产品创造价值。

这里可以看出，在整个用户生命周期内，用户创造价值最高的是在成长期和成熟期。因此用户运营要提升用户转化率与留存率，可以看作想办法让用户在产品内走向成熟、减缓沉默，通过转化与提升将用户价值最大化，使产品获得最大收益。

而在运营过程中，通过分析用户从成长期到成熟期的一系列行为数据，可以为用户运营提供数据模型，便于其从中找出产品内吸引用户持续活跃的关键因素，进而向引入期用户强化产品优势，定向对沉默用户进行召回，以最大限度地在用户生命周期内提升用户价值。

7.3　如何提升用户转化率与留存率

提升用户转化率与留存率分为两大步：在着手提升用户转化率之前，先分析清楚用户的转化空间有多大，避免在运营过程中错误地设定目标；在预估好转化空间后，通过用户分层及用户行为分析，找到影响转化率与留存率的关键点进行优化。

7.3.1　做好转化空间预估，衡量性价比

知道了提升用户转化率与留存率就能提升用户价值，很多用户运营已经开始跃跃欲试，要寻找提升转化率的方法了。但在尝试之前，你或许有些迷茫："我能看到的数据无非是已有的活跃用户数和转化率，如何利用这些数据来判断通过运营可以再转化多少活跃用户呢？"

这里我们引入"蓄水池"的概念：在一定时间内，所有在产品中未被发掘的低频活跃用户可视为待唤醒用户，这些待唤醒用户形成一个蓄水池。参照行业内竞品的活跃用户与蓄水池用户的比值，可以预估出大概的可转化用户空间。

我们以一组导购类产品的用户数据为例。图 7-3（图中用户

数单位：万）是这款导购类产品与竞品的数据对比。从中可以看到，这款产品的 DAU 为 950 万，与竞品相比用户活跃度较高，这样看来它的市场份额位于行业行列。这样一款已经在行业中获得较高日活跃用户的产品，它的用户转化空间是否十分有限呢？

- 用户唤醒率：竞品 App 平均唤醒率 23%，而所运营产品仅为 14.5%，唤醒率较低
- 所运营产品转化空间：目前用户构成——950 万日均活跃用户，5460 万用户待唤醒

App	MAU	DAU	蓄水池用户	蓄水用户占比
产品	6410	950	5460	14.51%
竞品一	4000	700	3300	17.50%
竞品二	890	300	590	33.71%
竞品三	2000	530	1470	26.50%
竞品四	7280	1050	6230	14.42%
竞品五	2720	750	1970	27.57%
竞品六	1170	220	950	18.80%
竞品七	190	60	130	31.58%

图 7-3　从某导购产品的数据中找出转化空间

利用前面提到的蓄水池算法再来看一下这款产品的 MAU 情况。这款产品的 MAU 达到 6410 万，也就是说它的蓄水池用户（待刺激转化活跃用户）有 5460 万，转化空间还是很可观的。这些用户都能被转化成日活跃用户吗？理想很丰满，现实很骨感。用户的转化漏斗一直存在，无论用多么巧妙的运营方式，都无法将蓄水池用户全部视作可转化用户，我们还要根据行业中的平均唤醒率来估算可激活唤醒的用户空间。

从图 7-3 中还可以看到，行业中用户基数越大的竞品其用户唤醒率就越低，而用户基数低于中间值的竞品用户唤醒率则越高。这也可以理解，用户基数越大，保持高用户活跃占比就越困

难。我们取行业中的平均值，平均唤醒率约为23%，而我们所运营的产品用户唤醒率仅为14.51%，因此还有8%～9%的转化空间。将产品的用户唤醒率提升至行业平均水平，将有约500万～600万用户转化为日活跃用户，这也十分可观了。

这样，通过用户唤醒率以及蓄水池用户数据与竞品的对比，就可以粗略计算出用户的转化空间。下一步我们就来看提升用户唤醒率的方法。

7.3.2 找到核心问题并进行问题拆解

从前面的用户唤醒率数据中，我们可以大致分析出这款产品的用户转化空间。为了唤醒蓄水池用户，使潜在的用户活跃起来，我们需要将核心问题进行拆解。

什么是核心问题？我在实际工作中多次遇到运营人员希望解决的问题并不是核心问题的情况。比如上面说的这款产品所遇到的运营问题，或许你会将问题定义为用户日访问频次不够高。但这个问题可以落地吗？答案是否定的。用户日访问频次不够高是产品呈现出的一个表面问题，它实际上是其他问题带来的结果，而不是真正需要运营来解决的核心问题。

想找到真正的核心问题，需要将呈现在表面的问题进行拆解，拆解流程参照图7-4。

蓄水池用户虽然很可观，但日访问频次不够高，这是表象问题，造成这个表象问题的原因就是我们要寻找的核心问题。

想找出这个问题，我们首先需要弄清楚哪些用户喜欢使用这个产品，哪些用户不喜欢，造成这些用户行为差异的原因是什么。

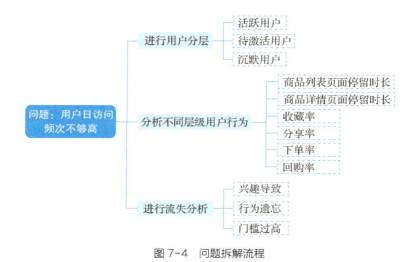

图 7-4　问题拆解流程

1. 对用户进行分层

先根据用户的访问频次将用户分为活跃用户、待激活用户和沉默用户。

我们的首要目标是将待激活用户转化为活跃用户,而用户分层可以使我们更加聚焦:分析活跃用户,唤醒待激活用户,分析沉默用户流失原因,并在后续的沉默用户召回中使用不同的运营策略。如果不进行用户分层,而是对所有的蓄水池用户都用同一种运营方案进行激活和转化,那么可能的结果是整体用户转化有改善,但你并不清楚是哪个环节促进了用户的转化,也就无法最大化运营收益。

而将用户分层之后,我们就可以分析不同层级用户的行为,并按照层级分析转化低的原因。不同层级用户的数据表现是不同的。以这款导购产品为例,在进一步细化的指标中,我们可以看到，不同层级用户在商品列表页面的停留时长、在商品详情页面的停留时长以及商品的收藏率、分享率、下单率、回购率等都是不同的。运营人员需要做的是从这些数据中寻找规律和突破口，制定方案。

在这款导购类产品中，活跃用户活跃的原因可以从其关键停留与交易商品中挖掘，并将商品特征提取出来，看能否将这些特征作为模型分发给待激活用户，并观察更换商品内容后的用户转化率，根据转化率的变化持续优化，直至达到预期。

对于沉默用户也可以在分层后进一步拆解流失原因，到底是因为交易门槛高、体验不流畅，还是推荐给用户的产品不是用户感兴趣的，又或者是有竞品针对性拉拢目标用户。用户流失的原因可能是多方面的，但不同层级的用户会有一定的共性。假设交易环节对某一类用户不友好，如缺少支付方式，用户的流失是必然的。如果产品找出了这个原因并进行了优化，而且做好了用户分层，运营人员就可以专门针对这类用户策划运营方案进行定向召回。因此做好了用户分层和行为分析，在唤醒流失用户时就可以根据不同的原因采取不同的运营措施，从而进行精细化运营，使用户增长最大化。

案例：用户分层示例

前面提到，在预估转化空间的时候，我们根据 DAU 与 MAU 的用户占比来定义蓄水池用户，但这并不是我们说的用户分层。对用户进行分层是为了进一步分析用户行为，仅从月级别和天级别来进行划分，粒度太粗，很难对用户行为进行进一步分析。因此在拆解问题之后,实际进行用户分层的时候,我们需要再根据自身产品情况设立标准,提取用户行为特征。

图 7-5 所示为前面提到的导购类产品的用户分层情况。因为该产品的 MAU 较大,我们可以按照一个月内用户的访问频次来进行细分。将用户按照月均访问频次(1～14 天)来划分:月访问 8～14 天的用户即可判定为活跃用户(14 天以上的无疑为更活跃的用户,这里不讨论),月访问 3～7 天的用户为待激活用户,月访问只有 1～2 天的用户为沉默用户。

访问天数	访问用户数	占比	用户分层
1	32 892 342	51.31%	沉默用户
2	9 025 677	14.08%	
3	4 368 512	6.81%	待激活用户
4	2 751 323	4.29%	
5	1 873 313	2.92%	
6	1 355 095	2.11%	
7	1 061 888	1.66%	
8	882 544	1.38%	活跃用户
9	756 585	1.18%	
10	668 889	1.04%	
11	629 339	0.98%	
12	549 985	0.86%	
13	487 988	0.76%	
14	444 771	0.69%	

图 7-5 用户分层示例

这里,不同产品根据用户需求场景可以进行不同的用户分层。这是一款导购类产品,用户的主要需求为浏览及进行商品购买决策,这类产品属于用户使用较为频繁的产品类型,因此我们在进行用户分层的时候将月访问只有 1～2 天的用户归为沉默用户。假如产品本身不具备高访问频次场景,那么进行用户分层的时候就要依据实际情况进行调整。

根据我们的分层可以看出,这款产品中,沉默用户占比超过65%,这部分用户基数虽大,但不是我们首选的待转化用户。而待激活用户占比为17.79%,是月均访问3～7天的用户,这是我们首选的待转化用户。

月均访问产品3～7天,说明用户对这款产品是有一定需求且需求得到过满足的,那么这部分用户和活跃用户有何不同?为什么不像活跃用户那样频繁访问呢?这就需要分析剩下的6.89%的活跃用户的用户行为,与待转化用户进行行为比对,分析后再进行运营。

2. 进行用户行为分析

用户行为指的是用户进入产品后所发生的一系列交互,交互本身会产生用户数据。一个类型的用户产生的数据集合可以为运营人员提供参考。

示例中是一款导购类产品,我们先从导购类产品的用户路径入手。导购类产品的用户路径一般是被推荐打开产品或者主动在首页中进行浏览或搜索,然后进入商品列表页,再进入详情页,将商品加入收藏或直接点击跳转到购买页面,最后离开。我们分析用户行为时,先从用户路径中的这几个关键节点开始,研究不同层级用户的商品列表页访问占比、商品详情页访问占比、加入收藏占比及购买占比。

从用户路径的第一阶段——商品列表页访问所产生用户数据中就可以看出明显不同。如图7-6所示,活跃用户的商品列表页访问占比相对高,并且呈现出越是活跃的用户越喜欢在列表页进行交互的特征。

用户分层	商品列表页访问占比	商品详情页访问占比	加入收藏占比	购买占比
沉默用户	1.20%	0.09%	0.03%	0.01%
	2.31%	0.23%	0.16%	0.03%
待激活用户	5.78%	1.30%	0.53%	0.35%
	7.89%	2.67%	0.65%	0.45%
	8.31%	4.56%	2.13%	1.23%
	8.56%	5.23%	2.56%	2.21%
	9.12%	6.31%	3.32%	2.67%
活跃用户	15.70%	10.23%	4.67%	3.57%
	20.12%	16.87%	6.54%	4.53%
	23.50%	18.31%	6.87%	5.66%
	32.30%	23.50%	7.32%	8.45%
	38.40%	26.50%	8.97%	12.36%
	41.20%	32.45%	10.30%	15.57%
	45.60%	35.76%	11.20%	24.65%

图 7-6　用户行为分析

待激活用户的商品列表页访问占比相对较高，而商品详情页访问占比下降明显，最后有购买行为的用户因为漏斗效应进一步变少，但总体在正常范围内。从整体的行为来看，待激活用户从用户路径开始各项数据就低于活跃用户，但高于沉默用户。因此，将每一步用户行为的数据都进行比对分析，就可以找到原因进行优化，进而提升这部分用户的转化率。

相比待激活用户，沉默用户从商品列表页开始访问占比就极少。这说明沉默用户在用户路径的第一阶段就没有受到商品列表页的内容吸引，因而快速流失。对这部分用户可以采取优化策略进行召回，如根据用户历史数据更换商品内容，或者提升商品列表的点击交互体验。

再分析用户的下一阶段行为，会发现进入商品详情页的用户以及将商品加入收藏的用户其购买占比会相应增加。而将商品加入收藏的前提是商品详情页的内容足够吸引用户。因此在每个环节先分析出用户行为数据，进而针对数据列出可行的转化方案。

3. 根据用户行为分析给出转化方案

在根据用户路径给出用户行为数据分析之后，针对不同环节可以提出不同的运营方案。如图7-7所示，一般情况下，可以将转化率低的问题归为三类——诱因、权益和触发。对于每一类问题，图中列举了几个提升转化率的思路作为参考。

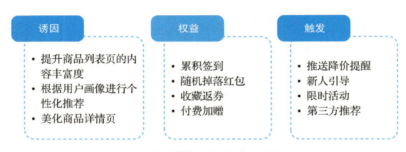

图7-7 常见转化率低的问题及转化思路

在不同用户路径中用户转化率低有三种常见的原因：诱因不够、权益缺失和触发机制弱。下面我们根据不同环节的用户数据表现一一举例拆解。

（1）用诱因吸引用户

如果在用户路径之初的数据表现就不佳，那么可以从使用产品的诱因出发寻找解决方案。

图 7-6 中的数据告诉我们，用户是否活跃，从其在用户路径之初——商品列表页的点击和停留数据中就能分析出问题。这里列举三个提升用户转化率的诱因。

①提升商品列表页的内容丰富度

不同的用户对产品的需求不尽相同，但用户打开产品时是有一些预期的。用户打开导购类产品，这是一个典型的浏览型用户场景。假设用户预期的是一个浏览场景，但当它打开产品后发现默认的商品列表页内容趋同，与自己所关注的商品相差甚远，甚至往下滑几页就没有更多内容了，这就属于不符合用户预期的情况。针对这种情况，有节奏地调整商品列表的种类，并在充实内容后及时通过运营资源或运营活动来提供更多的用户诱因。

通过内容丰富程度来吸引用户转化的产品多见于信息流形态的产品。作为运营人员，如果你对于如何丰富运营列表没有具体的落地方法，你可以研究一下市面上的头部信息流产品，看看它们是如何在内容丰富程度上进行运营的。例如，今日头条、百度 App 等头部信息类产品，向未登录用户、登录无交互用户、交互过的用户推荐的内容都不尽相同，力求内容的推荐维度有所差别，从而吸引并转化更多的用户。尤其是在为新人用户展现内容时，这些 App 多用已有活跃用户的交互行为形成一个模型并输出给新人用户，以提升转化率。

而初创类产品，或者无法直接用已有用户数据建立模型的产品，初期可以提供给用户一些主动交互的筛选项，让用户给出他的内容偏好，产品来进行内容匹配。在积累一段时间的用户数据之后，如果发现某些类型的内容是用户喜欢的但却是产品缺少的，就要集中通过抓取或生产的方式补足这些内容。

②根据用户画像进行个性化推荐

很多时候我们会面临这种状况：已经通过各种手段增加了产品中的内容，但用户转化率提升还是很缓慢，很多用户进入第一个交互场景就退出了。这个时候就需要用到用户画像、用户分层。随着内容的不断丰富，用户的数据也会随之不断累积。假设没有应用用户画像，就会出现给男士推荐女装，或者给都市女性推荐机械键盘的状况——内容虽然多了，但是推荐的对象不对。

第 2 章介绍了用户画像的分类方式，在产品运营到一定程度，有了一定的用户量之后，应用用户画像进行精细化运营几乎是提升转化率的必经之路。比如上面提到的导购类产品，在用户横向分层的基础之上再加上纵向的用户画像交叉细分，推给每个类型用户他想看的内容，也是提升用户转化的重要诱因之一。

③美化商品详情页

相较于前两个诱因，第三个诱因主要是为了提升用户从列表页向交易行为转化而实行的，这个方式主要是为了提升落地页的浏览体验和内容优化。

用户在使用产品的路径中，每向前走一步，都会产生与产品之间更多的连接。这种连接越频繁，用户成为该产品活跃用户的可能性就越高。而用户运营的目标就是促进用户在使用产品的路径中不断转化，不断往前走，从而建立用户与产品的情感连接，稳固用户的活跃表现。

在上面的导购类产品中，如果用户已经点开商品详情页，那么他比绝大多数用户更有可能成为活跃用户。因此商品详情页需要凸显商品的优势，并突出用户在此时购买的权益，这里既涉及页面运营，又涉及用户心理学的应用。比如现在导购类产品中比较火爆的直播类导购，页面的缩略图、标题文案、图片的美化布局等无不凸显当前进行购买用户能够获得的权益，这种刺激让用户转化的可能性远大于平淡、简单的商品图文介绍。

（2）用权益增加用户使用频次

诱因更多是为了吸引用户进来，加深用户路径，而权益是为了增加用户的使用频次。这里提供 4 种用来刺激用户进一步转化的用户权益。

①累积签到福利

累积签到本身就给用户设定了一个心理预期：只要经常来，就一定会得到些什么。这种强烈的心理暗示确实会起到一定的作用，但这个运营方式的核心还是要让用户认为通过这样的行为可以换来切实的权益。

②随机掉落福利

在浏览中随机掉落的红包会让用户感到幸运，再配合具有时效性的权益，会让用户产生强烈的转化意愿。

例如，京东 App 经常会在用户浏览某些店铺商品时掉落一些优惠券，拼多多也会在用户浏览商品列表时掉落限时红包，以吸引用户购买。通过这样的方式不仅可以加深用户的深度转化频率，而且时不时地获得惊喜会让用户主动地高频访问产品。这个运营手段可以说对用户心理的理解十分到位了。

③用户收藏商品后返券

通过前面的示例我们会发现，如果用户进入某个商品详情页且收藏了商品，他的转化概率会比较高。目前许多淘宝店铺采用了收藏送券的做法，因为收藏行为代表了用户对商品感兴趣。用户暂时还未转化，或许是因为价格没有达到预期，或许是因为他在横向对比其他同类型的产品，而在收藏这种主动交互行为发生时，为用户提供权益会加速用户转化。

④用户付费后加赠

这种权益常见于用户路径的尾声阶段——付费环节。用户走到路径中的付费环节，说明他对产品比较认可，且需求已经在产品中得到满足，这时提供给用户与其所购买商品相关的付费加赠产品，作为付费用户的额外权益，转化成功率会非常高。

还有一种付费后的权益是在用户付费后向其提供一个限时的购买优惠，吸引用户再次购买。这两种方式都会增强付费用户的好感，为付费用户带来心理上的优越感，使其与产品的情感连接更进一步。

（3）激活触发机制

许多用户没有被转化，问题很有可能出在触发环节。

经常有运营人员做了用户体系，做了用户层级划分，也进行了权益调整和优化，然而触发环节却没有做到位，导致实际运营效果无法达到预期。

每个用户的手机里都有几十款App，而用户的时间是有限的，很多用户没有打开产品很可能只是因为忘了，因此每一次的运营活动都应该想办法触发更多的用户。

激活触发机制有4种常见方法。

①推送

例如上面提到的导购类产品，用户或许在使用产品的过程中浏览过、收藏了某些商品，然而就是忘记了，这时需要进行商品推送，为用户提供提示信息，告知他商品降价、上新等动态。这一点京东就做得很到位：京东账号可以与微信账号绑定，在商品有新动态时京东会及时推送到用户的微信上，起到触发用户的作用。对于被各大 App 分散注意力的用户，这种方式起到了重要的拉动作用。

②新人引导

对于与产品没有过交互的新用户，最好的转化触发就是新人引导。当新用户第一次使用商品时，流畅且带有新人福利的引导会提高用户的参与度。运营人员热情地把用户请进产品中，接下来的路径却任由用户自行摸索，这对于用户转化是不够的。新用户是一个特殊的群体，第一次使用产品的体验会影响他们对产品的判断和定位，因此在用户路径的各个节点要向新用户提供足够吸引人的转化诱因和权益，以吸引他们深入使用产品。

③限时活动

在限时活动方面做到极致的要数双 11。双 11 这类限时活动影响到的不只是使用过该产品的用户，还有这些用户身边未使用该产品的用户。这类运营活动因为限时且宣传力度巨大，会在用户中传播和发酵，成为现象级运营事件。这种触发方式主要看的是参与的商家数量以及它们可以提供什么权益，而从成功案例来看，带来的用户转化效果是惊人的。

④第三方推荐

推送触达会因为用户的功能设置而有触达率的折损，限时活动的成本较高且一个成熟产品全年只能支撑一两个超大型活动，那么没有被这些方式触达的用户该怎么触发呢？可以用第三方对产品的推荐进行补余。第三方平台有很多，比如自媒体、直播平台或第三方评测机构等，通过它们也可以进行用户触发，吸引更多的用户前来使用产品。

7.4 用户分层与用户转化

上一节结合一个具体案例给出分析如何提升用户转化率的流程，本节会给出用户分层的常见类型与方法，以及用户转化的几个阶段和提升方法。

7.4.1 用户分层的类型与方法

在前文中我强调了用户分层的重要性，从沉默用户到活跃用户的转化需要不同层级的用户分析，从待激活用户到活跃用户的转化、从活跃用户到付费用户的转化，也都需要依赖用户分层来进行分析和优化。

没有用户分层，用同一套策略是无法满足所有类型的用户的。一方面，从实际运营收益的角度看，需要集中通过运营转化对产品价值最高的用户；另一方面，不同层级的用户对于运营内容的接受程度不一样。例如，对于新用户这个用户层级，如果一上来就给出过深的社交链会让他们感到很强的压迫感，反而会使他们远离产品。相比扫描通讯录、强制绑定手机号注册才能使用，完善资料得奖励等比较温和的方式会让用户感到自己有自主选择权，停留意愿反而会更强。

如图 7-8 所示，可以按照用户生命周期来进行用户分层，用户在不同阶段产生的价值不同。

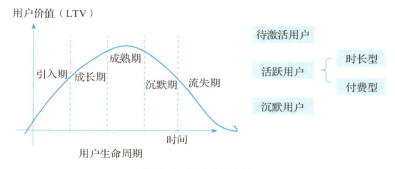

图 7-8　用户分层方法

通常，根据在用户生命周期内所产生的不同价值，可以将用户分为四大类。

- **潜在用户**：不同于沉默用户，这类用户对于产品有访问行为，但与活跃用户相比，其访问的频次又不够高；往往对应于用户生命周期的引入期。
- **活跃用户**：分为时长型活跃用户和付费型活跃用户，对应于用户生命周期的成长期与成熟期。
- **沉默用户**：这类用户或许以前活跃过，但是因为某些原因逐渐降低了访问频次，直至不再访问；主要对应于用户生命周期的沉默期。
- **流失用户**：相当长一段时间都没有再使用过产品的用户，对应于用户生命周期的流失期。

或许你已经注意到，在四大用户分层中，唯独活跃用户有时长型与付费型两种更细的分类。这两种用户虽然实际成交的交易额会有不同，但都可以算是活跃用户。

目前互联网产品有两种主流付费方式：一种是为商品付费，另一种是为增值服务付费。

电商类产品以商品付费为主,产品主要起到帮助用户决策与完成交易流程的平台作用。社交类、信息消费类、服务类产品则多以会员等前端付费方式让用户为其增值服务付费。无论采用哪种付费方式,都会有大量免费用户情愿多花一些时间来减少自己使用产品的成本,如研究电商的优惠券规则,观看视频网站上的广告。对于付费厌恶型用户,运营人员需要做的是挖掘这部分用户的价值空间;而对于付费适应型用户,运营人员需要做的是维持好这部分用户的体验,让其继续为产品带来价值。对这些价值的研究可以提升不同层级的用户对产品的实际贡献。

7.4.2 用户转化的阶段与提升方法

1. 新用户到活跃用户的转化

我们已经了解到,为了提升用户在其生命周期内的价值,需要促进用户的转化。首先看第一层转化——待激活用户到活跃用户的转化。

前面我们用一款导购类产品做了示例,提出了增加诱因的三种方式,这里我们进一步拆分用户下载了产品却不使用是出于哪些原因,应该如何解决(见图7-9)。

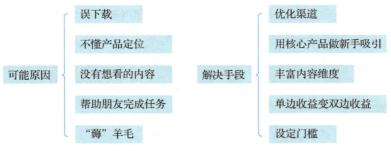

图7-9 潜在用户转化率低的可能原因及解决手段

（1）误下载

从传统互联网到移动互联网的发展上升期，许多互联网公司曾为提升自家产品的市场占有率而采用过激烈的推广方式。以传统互联网时代为例，当时有一种引起用户强烈反感的推广方式是"被动下载"，也就是俗称的"全家桶"。这种方式的主要表现为用户下载一款产品，在他没有感知的情况下电脑上却新增了许多同一家公司的其他产品。虽然从结果上来看，这样确实为许多软件迅速累积了用户量，但是新增用户的转化漏斗大于正常推广渠道带来的用户，用户价值也随着用户量的增多而被稀释了。

在移动互联网时代，误下载并没有消失。无论是卸载不掉的预装产品，还是后台下载的非用户主需产品，虽然性质没有被动下载恶劣，但是用户对这些产品还是抱有比较负面的印象的，因此转化难度无形中增高。

面对这种情况，最好的方式是优化渠道。渠道运营都会统计拉动新用户的成本，但很少真正关注用户价值。而用户运营通过分析不同渠道带来的用户价值差异，可以协同渠道运营以提升用户转化、用户价值为出发点，优化拉新渠道，这样才有利于提升后续用户的转化率。

（2）不懂产品定位

有时用户虽然下载了产品，但是在使用过程中并没有弄清楚产品定位。以上面的导购类产品为例，假设产品定位为白领必备的导购类产品，目标用户被产品宣传所吸引而下载了产品，但打开产品看到的内容全都偏学生风格，用户可能会心生迷惑，甚至感到受了欺骗。

对于这种情况，一定要先想好产品定位是什么，然后坚定不移地通过运营手段打造和强化与产品定位相关的内容，将这类内容作为核心内容展现给用户。如果定位为白领用户必备，那么在默认页面的内容挑选、专题打造上就要凸显出这一点，让用户实际的产品体验与其预期一致。

我用过一款叫 enjoy 的产品，它诞生于 O2O 行业的发展中后期。虽然 enjoy 的核心也是团购产品，但是它对用户的定位是非常垂直的，上面的餐厅都是中高端餐厅，在用户分层上就将自己与市面上大量以便宜为优势的团购产品区分开来。品牌关键词"精选""格调"等让它的产品风格脱颖而出。偶然被吸引，我点进去浏览过里面推荐的餐厅，从餐厅介绍、团购内容介绍等多方面可以看出产品是围绕其核心理念来运营的。

我被有格调的团购产品这样的定位吸引进来，进来后浏览过程中的各个细节让我加深了这种印象，最终我被转化，下了第一单。假设这款产品主打中高端餐厅消费推荐，而用户进入产品后看到的却都是路边小馆，他一定会有强烈的被欺骗感，因而对产品定位产生疑惑，也就不会被转化。

（3）没有想看的内容

用户进入产品的渠道是多元的，很多用户一开始可能只是好奇，但在体验产品的过程中发现内容单一，甚至重复，就会逐渐丧失兴趣，进而流失。我们应该意识到这一点。用户进入服务类产品是带着使用某种服务的预期的，只要服务的整体体验好，就可以满足用户的需求；而以内容为核心的产品需要的是围绕一个有特色的内容定位，有层出不穷的展现形式，以减轻用户的乏味感。

（4）帮助朋友完成任务

很多时候，用户进入产品的场景是帮助朋友完成任务，对于这类用户的转化率需要仔细分析。

有些用户进入产品只是为了帮助朋友完成分享转发任务，他们或许会简单浏览一下产品，然而往往没有发现什么特别的内容就流失了。对于这种用户，你需要核实一下分享的运营策略中是否只设置了单边收益，即只为了促进已有用户进行分享而设置分享者的收益，却忽略了被分享者。

从单边收益到双边收益的运营策略变化对于用户转化是有积极作用的。从普通用户的心理来看，设置了双边收益，分享者的心理负担会减轻，对于分享信息给别人的打扰会因为信息会带给对方收益而进行自我的心理补偿——从帮"我"做事变成了向"你"分享收益。而被分享者在接收消息后会从单纯的利他行为变成做一件与自己有关的事。许多收益信息是有时效性的，被分享者很有可能会因为"惧怕失去"的心理而主动研究产品，进而被转化。

（5）"薅"羊毛

有些用户只是被简单易得的拉新收益吸引的"羊毛党"，只关心如何快速通过"薅"羊毛的方式获取收益，并不是产品的真正用户。

之前风靡一时的互联网金融产品使用的是这个运营手段，弯道超车的电商产品拼多多也是如此。对于这种策略，运营人员需要控制成本。互联网金融产品疯狂拉新伊始，用户中充斥着"羊毛党"。假设拉动一个新用户，分享者有 100 元收益，被分享者有 50 元收益，拉动 1 万个新用户的推广成本就已经很高了。因此在设定运营策略时为了规避"羊毛党"，运营人员需要合理设置提现门槛或优惠使用门槛。很多互联网金融产品在后期采用的是赠送本金体验产品，到一定期限利息可以提现的拉新方式，在宣传上用大额赠送本金吸引用户，最终拉动用户后给的是成本可控的利息。这就是一种避免成本失控的有效手段。

以上是 5 种解决用户从待激活到活跃的转化问题的常见思路。而运营人员在为自己的产品进行用户运营时，需要根据自己产品所在生长周期以及遇到的实际转化问题对症下药，寻求解决方案。

2. 活跃用户分类及进一步转化

活跃用户一般处于用户生命周期中的成长期后半段与成熟期，是用户价值最高的用户层级。活跃用户按照活跃的不同特性可以分为时长型活跃用户与付费型活跃用户。

（1）时长型活跃用户

我们平常提到的活跃用户往往是从用户访问的角度进行统计的，因此在为活跃用户下定义时一般使用 DAU 或 MAU。而从用户价值的角度来说，用户在产品中停留的时间越长，其用户价值越大。因此，我们可以提升活跃用户在产品中的停留时长，以最大化活跃用户的价值。

时长型活跃用户的价值更高，主要体现在四方面，如图 7-10 所示。

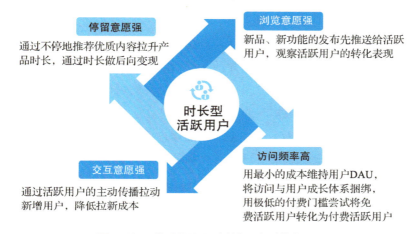

图 7-10 时长型活跃用户特征及提升转化手段

①浏览意愿强

时长型活跃用户对产品的认可度较高，浏览产品的意愿强，对产品新功能的问题容忍度高，因此当产品发布新功能，但不确定能否更好地满足用户时，可以让用户运营圈出这部分用户做小流量实验，根据实验结果可以了解到用户对新功能的实际反馈，从而更好地进行迭代。当用户运营有新的运营活动上线时，也可以依靠这些活跃用户在用户圈子中进行推广，提升活动效果。

②停留意愿强

活跃用户在产品中停留的意愿强，其所浏览的产品页面、功能所产生的数据也是重要的模型样本，可以指导运营人员定向增加更多受用户欢迎的内容，不断优化推荐策略，向用户推荐更符合用户预期的内容和服务。

③交互意愿强

时长型活跃用户每天愿意付出大量时间使用产品，他们对产品的包容性强且愿意参与互动。

从传播价值上看，用户运营在与用户交流时，可以留意时长型活跃用户中的核心用户作为活动传播的圈子核心，而以这部分用户为核心的用户圈子会呈网状传播给更多的用户，从而放大传播效果，降低拉新成本，获取更多新用户。

从内容价值上看，交互意愿强的用户会在浏览内容后发表意见，从而丰富产品内容。网易云音乐的优质评论就是由这类用户创造的。音乐吸引用户停留在产品中，而优质的评论让更多用户对歌曲有了新的想法，且能引起共鸣，这种独特的亚文化就是由长时间在产品中的活跃用户创作的内容产生并不断正向循环的。

这类用户还有一个交互行为是分享。在前面的示例中也能看到，活跃用户的分享占比更高，这是因为他们对产品认可，或者对产品中的某些内容和服务认可，有强烈的分享意愿。

④访问频率高

时长型活跃用户由于投入了大量时间与精力在产品中浏览和交互，因此对产品有了强烈的情感关联，这会促使他们经常访问产品。在这些用户的访问频次稳定后，通过运营用户体系，可以用较低的成本维持他们的活跃度。对于这部分用户，可以尝试后向付费（广告插入）的方式将其在产品中花费的时间转化为产品的商业收益，也可以通过较低的付费门槛尝试将高时长、低付费转化率的活跃用户逐渐转化为付费型活跃用户。

休闲游戏中应用此用户特质做转化的有很多。比如有一款消除游戏，它的游戏设定是先给用户限定的免费玩机会（生命/爱心限定），免费生命用完后用户想要继续玩游戏，要么等待，要么用钻石购买。时长型用户愿意等待，不愿意付费，他们会算好并等到再次获得生命的时间回到游戏,提高访问频次,成为活跃用户。时长型用户增多后,游戏中设置的看广告换取生命/钻石的方式带来的观看量就会增加,游戏开发者可以用大量的用户点击观看换取广告收入,让用户产生价值。

而无付费习惯用户的习惯培养也可应用于时长型活跃用户。虽然从用户特质上看,时长型活跃用户往往付费意愿弱,但并不是没有转化的突破口。因为这类用户的活跃时间长,对游戏内各项虚拟商品的价值都有认知,当出现远低于正常价格的虚拟商品(最好这个商品价格还有时效限定)时,他们往往更容易被转化。而无付费习惯的用户一旦走通了付费流程,无关乎金额,就已经让这部分用户有了新的用户路径,这就是养成新习惯的开始。

分析透时长型活跃用户的特质并依靠这些特质做好用户运营,长期来看可以为产品、为用户带来更大的价值。

(2)付费型活跃用户

付费型活跃用户不同于时长型活跃用户,他们或许并不会在产品上花费大量时间,但是付费意愿更强。分析这类用户的特质可以指导用户运营为他们提供更好的内容和服务,提高他们使用产品的频次,提升其用户价值。

那么付费型活跃用户有什么特质呢?看图7-11。

①追求品质

用户乐于在产品内进行交互是对产品的一种认可。随着产品用户的增多,产品承担的成本也相应增加。无论是获客成本还是运营成本,都使得产品必须走向商业化。虽然商业化本身无可厚非(毕竟一款非公益性产品如果无法承担成本,自然也就无法提供更好的用户体验),但商业化不可避免地会影响到一定的用户体验。通过设定，为付费用户提供基础内容与服务之外的更高品质体验，付费用户是愿意通过付费获取更好品质的内容与服务的。

图7-11 付费型活跃用户特征及提升转化手段

例如，记事软件印象笔记就根据不同层级的服务类型设定了会员机制，为追求品质的用户提供了额外的服务（见图7-12）。

图7-12 印象笔记会员机制

可以看到，印象笔记为免费用户提供了最基础的记事服务，这是产品的核心；在此基础上，它还针对不同层级的更高需求分别设立了相应的付费服务，以对追求品质的用户进行付费转化。

②追求特权

由于社区类产品的核心产品交互都会显示用户的 ID，因此对于对特权有追求的用户，提供付费特权是最有效的用户前向付费转化方式。社交类产品鼻祖 QQ 对于这一点就摸得十分透，既有根据在线时长来显示的用户等级图标（星星、月亮、太阳），又有 VIP、黄钻、绿钻等一系列周边产品构成的增值服务矩阵，可谓是开发用户特权的集大成者。

近些年微博也在摸索自己的用户特权道路。图 7-13 截取了部分微博会员特权。给予购买会员的用户与普通用户明显不同的权益，这对于活跃用户的付费转化是很好的尝试。而随着特权功能的逐步完善，这部分用户的占比也会持续提高。

③追求效率

这类用户的典型逻辑是花钱买时间。无论是游戏里的付费玩家，还是视频网站中的 VIP 会员，都是希望通过花钱节约时间，提升使用产品的效率。对于追求效率的用户，在提供付费商品的同时提醒用户可以因此节约多少时间，是促成转化的关键。

2018 年有一款风靡一时的游戏叫作《恋与制作人》，这是一款众多女性玩家口中的"氪金游戏"。如果不付费的话，完成游戏主线的时间会多几倍，在体力购买界面（见图 7-14）这一点被明确说明，更别提装备的升级时间会因为付费节约多少了，因此付费用户占比奇高。

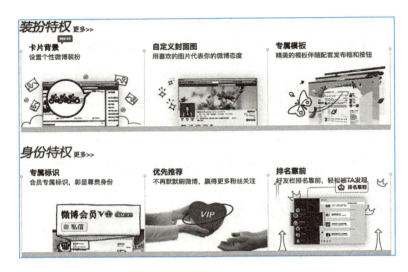

图7-13 微博会员特权

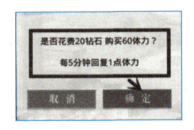

图7-14 《恋与制作人》体力购买界面

而爱奇艺的用户点开视频界面后，付费会员与非付费会员的体验差异也很明显。非付费会员在看长视频时，动辄要看60～120秒的广告，而成为付费会员后，广告都可以跳过，观看效率和体验大幅提升。

针对付费型活跃用户的三种特质给出针对性的运营思路，强化细节，提升用户感知，从而更好地提升活跃用户的付费转化。

（3）避免成熟用户走向沉默

从用户生命周期来看，活跃用户主要处于成长期与成熟期，但在成熟期的后半段，用户将逐步走向沉默。避免用户走向沉默，需要从三个需求维度来分析用户，如图7-15所示。

图7-15 避免成熟用户走向沉默的需求分析维度

①满足固有需求

用户之所以能从新用户变成成熟用户，大体是因为对产品有一定的固定认知或需求。简单来说，就是用户知道产品能提供什么，只要有这类需求他就会打开这个产品。然而随着产品用户的不断增多，市场内的竞争变得越来越激烈，提供相似内容或服务的产品增多，用户有了更大的筛选空间。因此用户运营要不断分析用户行为，坚持产品的核心定位，丰富产品内容。

假设你运营的是一款面向白领的导购类网站，其中有一个特定的版块是白领一周穿搭。这或许是产品内容中的核心模块，对于用户来讲是一个非常高效的穿搭推荐模块。而假设没有经过用户分析（如点击、交互、付费转化等），在某次产品迭代中把这个模块移除或隐藏到比较难找的区域了，那么就会给用户一种更换定位的错觉，对产品有固有需求的用户就会去寻找替代产品，就会由成熟走向沉默，最终流失。

2017年左右，翻唱类App唱吧在某次改版之后，原来在主区域的录音标签突然不见了，我在切换几个页面后才找到。对于定位为手机KTV的软件，其核心功能是唱歌（录音），更换这个核心功能的布局一定会让有固有需求的用户感到迷惑，而这绝不是一个好兆头，是需要尽量避免的。

②拓展新需求

当然，产品如果想持续运营下去，需要不断进化，拓展新需求，以更好地稳住成熟期的用户甚至增加新用户。

前面提到，稳住成熟期的用户需要稳住固有需求。既要稳住固有需求，又要拓展新需求，这很难，应该如何做呢？核心原则是：增加以固有需求为核心的相似内容与服务，而不是推出一款全新的产品。

以支付宝为例。支付宝最初旨在保证付费用户财产安全的第三方付费中介平台，它的核心功能是担保，让用户在网店、网站上支付的款项能够在确认收到货物后再支付给商家。通过这一核心功能以及与淘宝中众多C端商家的连接，支付宝迅速占领了支付平台市场，累积了大量用户。这些用户都是真实的付费用户，支付宝因而积累了大量用户数据。

在对用户进行需求分析与行为分析之后，支付宝就不满足于做支付平台了。除了增加各种维度基于支付平台的服务（如信用卡还款、生活缴费、线下缴费等),支付宝推出了互联网金融领域的历史性产品——余额宝,让用户在提到与钱相关的服务时下意识地想到支付宝——不但能花钱,还能赚钱。相较于阿里大张旗鼓做的社交产品,这无疑是在拓展用户新需求上更为成功的案例。

至于阿里一直念念不忘的社交,也从纯圈子社交变成了公益性社交。如蚂蚁森林、蚂蚁庄园等产品,运营规则都是每次支付后获得相应的能量值。这些都是围绕金钱类服务进行的拓展,比圈子社交更接近支付宝的用户认知习惯。

③加强用户社交链

除了提供新需求,稳住成熟期用户还有一个方法是加强用户社交链。成熟期用户在沉默前有很长一段时间的活跃期,这会使得用户在产品中有着比较广泛的社交链。

比如微博,2014~2016年,有段时间因为微博充斥着广告和与主需求无关的新增功能,且很多微博好友不再使用微博,我变成了低频用户,慢慢将社交需求转移到更为私密的朋友圈。然而在经历了一系列调整之后,微博的定位转变为以媒体为主,确实有很多内容在朋友圈无法满足,而微博上有许多不在熟人社交圈的社交链。在消费一些内容时我又被微博上的社交链拉了回来,再次变成活跃用户。

总结一下,要避免成熟用户走向沉默,有3个措施:首先,要稳住固定预期,核心内容和服务不要有过大的变更;其次,在核心服务的基础上拓展相似的需求,让用户在新需求上持续活跃;最后,要重视产品内社交链的运营,这可能是沉默用户被拉回的重要节点。

7.4.3 其他引导用户转化的常见模式

为了转化用户，运营人员需要在各个环节进行不同的引导。在前面说到新用户向活跃用户转化的时候，我提到了需要做好新用户的引导，这里介绍几种常见的引导模式及其适用场景，如图 7-16 所示。

图 7-16 常见引导模式

（1）产品引导模式

如果产品的核心交互较为复杂，或者改版后有较大的变化，常用的引导模式是遮罩引导。遮罩整体产品，高亮核心交互功能，可以让用户快速了解到产品的核心功能点位置，便于用户进行下一步操作。

toast 是在完成某项交互后的提示，常见于用户投票等行为之后确认用户做完某项交互，起到提醒的作用。

红点引导是成本最低却最醒目的引导方式。红点引导的应用场景基本是新消息通知，对于这个标识用户已经有明确的认知，教育成本低。因此当希望用户看到重大通知时，红点引导最为合适。

固定位、气泡和推荐位引导需要搭配落地页面，常见于运营活动的资源物料投放。三者的主要区别在于对用户的打扰程度，通常搭配在一起使用时覆盖面会更广，传播力度更强，推广效果也会更好。

（2）活动引导模式

恰当的运营活动联动可以为产品带来超出预期的效果，其中有三个需要关注的要点。

1）结合热点。热点意味着流量，恰当地结合热点可以为活动带来低成本的流量。如电商类产品在"双 11"期间都会有所动作，这主要是因为"双 11"已经成为某种热点的象征，对于这个关键节点的动作用户会有对应的预期。当然为了避免在一定时间窗内抢夺用户，将实际落地的时间点进行微调，同样可以起到结合热点的效果。

这里需要注意的是，不要蹭负面事件的热点，因为负面事件的舆论把控风险过高，运营不好不但不会带来好的用户转化，还会招来骂名。

2）创造主题。"双 11"就是特别典型的创造主题。在"双 11"之后，电商产品看到用户对于创造主题的热情，又创造了"618""37 女生节"等众多主题活动。这些活动的本质都是促销优惠，但是因为主题及发起平台的不同，又各有侧重，是可遇不可求的运营方式，能否成功取决于对 B 端（商品供应方）的把控力和影响力。

3）跨界运营。跨界运营的逻辑是两种不同类型的产品既有相似的用户特征，又有不同类型的活跃用户。如果活动运营得好，两款不同产品的活跃用户会转化为对方的新用户。

案例：玩转跨界的故宫

600岁却顽皮的故宫通过内容营销带来文化潮流。2016年下半年，创意H5"穿越故宫来看你"火爆全网，趣味的故宫IP形象、时尚的Rap，让象征着传统的故宫突然年轻起来（见图7-17左图⊖）。这个从朋友圈引爆的H5项目来自腾讯创新大赛，是由腾讯的Next Idea创作的。这次成功的跨界使得广大用户在朋友圈疯狂刷屏，既颠覆了故宫在年轻人心目中的认知，又使得大家争相传阅内容。在之后的故宫表情包征集大赛中，这场跨界又为故宫表情包在开放首月就带来4000万的下载量。

图7-17　故宫线上联名

（左：Next Idea×故宫——穿越故宫来看你　　右：故宫×奇迹暖暖）

故宫一直希望向年轻人普及故宫的传统文化魅力，因此在文化IP的传播运营上，时下流行的游戏也是故宫的跨界对象。在游戏《奇迹暖暖》中，故宫就授权了IP，推出了故宫特别版装扮

⊖　图片来自腾讯Next Idea×故宫创新大赛邀请函，地址：nigg.treedom.com。

（见图 7-17 右图[1]）。

除了线上内容营销，故宫还在文创领域展开跨界，在探索中不断做出新的尝试。2013 年 8 月，故宫首次面向公众征集文化产品创意，不久之后，"朕就是这样的汉子"折扇火爆微博，故宫文创走向网红之路。

2018 年，故宫推出了口红系列（见图 7-18），十分火爆，一支难求。随后故宫又陆续推出了系列彩妆，无论是做工还是文化底蕴都给用户带来了不小的惊喜。

图 7-18　故宫文创（图片来自故宫淘宝）

---

[1] 图片来自故宫博物院官网，地址：https://www.dpm.org.cn/classify_detail/234891.html。

7.5 核心用户挖掘

在提升用户的转化率与留存率中，核心用户挖掘是非常关键的一步。核心用户，又称种子用户，很大程度上可以让新用户进入产品后迅速感受到产品的调性，因此在产品定位明确之后，挖掘核心用户是用户运营的一项重要工作。本节将从核心用户的特征与类型、核心用户获取方法两方面进行分析。

7.5.1 核心用户的特征与类型

在第4章中提到，用户管理体系与企业管理体系的相通之处是，都需要遵循"选、育、用、留"原则。在这个原则中的4个环节里，第一个也是最重要的环节是选。选什么人，培养什么人是应该首先关注的。

核心用户有三大特征、两种类型。虽然分类有所区别，但最终目的都是为产品带来内容和更多用户，从而帮助产品实现更大的目标。部分核心用户本身就是用户管理团队成员，而部分核心用户是管理团队的主要挖掘和培养对象。意识到核心用户的重要性，无论是对于用户运营还是对于用户管理团队都十分重要。

1. 核心用户的三大特征

核心用户的三大特征如图7-19所示，下面来一一介绍。

特征一：能为产品生产优质内容。

毋庸置疑，能够持续不断为产品生产好内容的用户是需要重点维护的核心用户，因为好的内容可以带动更多用户在产品里持续消费。你可以看到，美妆产品也好，抖音、快手这种短视频平台也好，对于持续、稳定生产优质内容的用户都会重点维护，并将其产生的内容推荐给其他用户。虽然这些用户没有头部大V的名人效应，但从内容生产的角度看，他们对内容有很大贡献，属于应当重点维护的核心用户。

图 7-19　核心用户的三大特征

特征二：有影响力，可带动用户活跃。

有些用户自身影响力大，名人效应强，能够同时为产品带来内容和品牌两方面的增益。举例来说，在产品成长期，小红书App 请来一线女明星直播分享内容，在她们直播期间经常会有超过 100 万人观看，拥有这样的影响力的用户也是当之无愧的核心用户。与高频次持续、稳定生产内容的网红不同，一线女明星这种有影响力的用户没有多大的内容生产能力，但由于其影响力能为品牌加成，因此付出额外的人力甚至经济成本都是值得的。

特征三：有一定的组织和管理能力。

在一个成规模的用户群体中，总有部分用户因为其组织和管理能力自动成为用户群体中的核心人物，这部分用户就是用户管理群体。

2. 两种类型的核心用户

核心用户有三大特征，而核心用户可以分为两类。

第一类是产出内容的 KOL 型核心用户，对应第一和第二大特征，主要价值是为产品生产内容和提升产品影响力。比如小红书里的达人、抖音里的网红、微博里的大中小 V，一部分提供稳定的优质内容，一部分除了内容还提供影响力。

第二类是为社区产品提供服务的管理型核心用户，对应核心用户的第三大特征——组织和管理能力。如百度贴吧的吧主、天涯社区的版主、网易云的云村管理员，甚至一些明星粉丝团的粉头，都有着极强的组织和管理能力。

这两种类型的核心用户都需要用户运营去挖掘、培养、持续维系关系。KOL 型核心用户为产品提供优质内容，且他们所生产的内容可以自然而然地吸引需要这些内容的用户，因此他们是用户运营的重点运营对象。但这种用户的发掘和培养完全依靠运营人员很难规模化，精力占用过多且可以拉动的人数有限，而如果将这一项工作交给用户管理团队，规模就可以扩大，平均管理成本也会降低。

用户管理体系和企业管理体系的管理原则相通。用户管理体系的"选、育、用、留"原则中，之所以要强调核心用户的特征和类型，是因为前期最关键的选、育两个环节针对的核心用户应该是两种类型兼顾的,包括 KOL 型核心用户和管理型核心用户,而并不是只有 KOL 型核心用户一种(大部分产品在选择核心用户时只关注这一种)。只有两种兼顾,才能促进用户管理团队的完善和整个产品目标的实现,从而达到繁荣产品生态、提升用户体验的目的。

7.5.2 核心用户获取方法

了解了核心用户的特征、类型和价值,接下来就需要依据不同特征来找到挖掘和获取核心用户的方法。

如图 7-20 所示,挖掘核心用户有三个重点:明确需求、站内培养、站外挖掘。

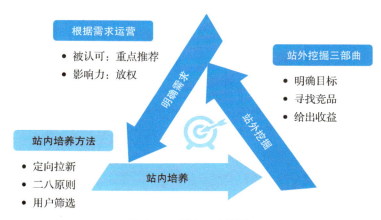

图 7-20 核心用户的挖掘

1. 明确需求

将马斯洛需求层次理论模型对应到我们所寻求的核心用户,

他们的需求主要集中在尊重需求和自我实现需求。一般来说，用户在一个社区产品里活跃，追求的主要是被认可和扩大影响力。

任何挖掘和吸引都是从明确被挖掘对象的本源需求开始的。KOL型核心用户上传和分享内容的原动力来自得到大量的认可，因此对于这类用户，用户运营在拉动时要从自己所能提供的资源出发，首先要认可目标核心用户生产的内容，在此基础上拉近距离，给出权益，得到他们的信任，达到拉动的目的。能够持续生产优质内容的用户对于自己生产的内容是很有信心的。假设社区里有一个女性用户愿意定期更新自己的服装搭配美照，她一定希望自己的搭配获得认可，被赏识，被推荐给更多的用户，因此如果用户运营在内容上与这位用户进行讨论，给予肯定，并适时地给予推荐的资源，那么她就很有可能成为稳定的核心用户。相反，如果置之不理，用户会渐渐失去动力，此时如果有竞品给予适当的关怀和推荐权益，她就极有可能被挖走。

而对于管理型核心用户来讲，比起内容被认可，他们的需求更倾向于个人影响力的提升。在虚拟社区里，在数万甚至数百万的用户群体中，拥有权力会让人自动成为焦点，成为核心。管理型核心用户的需求是成为被尊重的核心。因此对于这类用户，在找到他们时，要明确可以赋予他们的权力，他们能够充分理解这些权力能给个人带来的影响力。

2. 站内培养

站内的培养无论是对于KOL型核心用户还是对于管理型核心用户都适用。站内培养核心用户的优势是用户对产品的忠诚度高，对平台的归属感强，并且有更深层的用户社交链基础。因此除了冷启动期间，我十分推荐在站内挖掘并培养核心用户。

关于站内培养用户，我在猫扑和小米都做得比较多，其中有一个例子让我印象深刻。前面提到过米聊热点孵化过一款社区类App叫米吧，在米吧的产品探索过程中有一个阶段性产品，其核心功能与唱吧非常类似——基于K歌功能的社交类App。当初这个产品的定位没有唱吧清晰，它是从米聊热点迁移过来的，是根据用户上传内容类型的占比进行决策而产生的，因此有很多从一开始就伴随产品成长的站内用户。在这些用户中，有一个用户唱歌非常好听，于是我让用户运营人员集中优势资源推荐这位用户。后来唱吧稳步发展，试图挖这位用户，但她并不为之所动，拒绝了唱吧的邀请。她觉得自己是与这个产品共同成长的，在产品中得到了认可，结交了朋友，还有了自己的粉丝群，因此对于外部的权益诱惑并没有心动。在资源一定时，将资源和权益投给内部用户的性价比可能会比投给从外部挖来的核心用户更高。

而管理型核心用户就更符合站内培养优于站外挖掘这一条了。在职场中，内部选拔和外部空降的管理人员给职员的感受大不相同，他们对管理人员的配合意愿也会有所差别。在虚拟社区里更是如此。如果一个用户没有在中长期使用产品，也没有较稳定的社交链，那么让他突然来管理其他用户是比较难以让他们信服的，这无形中会给官方运营人员增加成本。

站内用户这么多，如何发现和培养这类用户呢？

根据整个用户路径，从用户进入产品就要开始这方面的考量了。我将其总结为三步：定向拉新，利用二八原则，做好用户筛选。

（1）定向拉新

在拉新的时候不能完全依赖渠道运营的通用拉新策略，而要有目的地为获取核心用户进行定向拉新。可以拉新的不只是硬件预装和应用市场这种通用渠道，还可以利用很多超级平台。定好了目标核心用户之后，选好平台，展开运营拉新活动，获取种子用户。在这些种子用户对产品认可并开始与产品共同成长后，就可以从中筛选核心用户了。举个例子，Keep这款健身软件最开始招募健身达人的时候，在微博上发布了征集帖，得到了初始的一百多个应征用户，这些用户可能有一半以上有潜力成为核心用户。

如果是无差别的全渠道推广，就很难有这种效果。当前，每个超级平台里的标签、分类、话题都已经为我们筛选了用户。豆瓣有小组，微博有超级话题，知乎有问题分类，定向拉新的工具已经有了。如果你定义好核心目标用户，那么就可以做这种定向拉新，方便用户运营后续进行站内核心用户的培养。

（2）利用二八原则

在社区产品中，处处可以利用到二八原则。二八原则是意大利经济学家帕累托发现的。他认为，在任何一组东西中，最重要的只占其中一小部分，约20%，其余80%尽管是多数，却是次要的，这个现象称为二八原则。在用户运营发掘站内核心用户时，可以拉取活跃用户统计数据，把其中20%的活跃用户挑出来自己培养，因为持续活跃表明了这部分用户对产品的认可度和忠诚度。向这部分用户表明对其重视和与他们共同维护产品的意愿，得到正面反馈的概率很大。

（3）做好用户筛选

根据定向拉新和二八原则筛选，用户运营可以获得一批活跃用户。不同的活跃用户活跃的范围不同，因而适合进行不同方向的培养。有些用户在产品内活跃，主要在于希望参与产品的成长过程并得到认可，但因为自己的理念与整体产品运营方向不同而惹出麻烦，这种用户适合做 KOL 型核心用户，单纯贡献优质内容。另一种活跃用户活跃的范围并不是贡献内容，而是扩大自己在产品中的社交链，生产内容未必是其擅长的，因此将其往用户管理方面培养更为合适。

3. 站外挖掘

既然站内培养核心用户的性价比高，为什么我们还要在站外挖掘核心用户呢？放在整个产品的生长周期里，这一点就不难理解了。站内用户从拉新到沉淀需要一定的时间周期，而产品向广大用户提供的主要是内容和服务。在这种前提下，产品冷启动阶段及快速发展阶段，站内培养的核心用户生产优质内容和服务的速度很可能跟不上大量新增用户的需求。因此这两个阶段十分需要先挖取一些站外核心用户，利用他们带来的内容和服务吸引用户。

站外用户挖掘也分为三步：明确目标，寻找竞品，给出收益。

（1）明确目标

在开始站外挖掘核心用户之前，首先要明确要找的核心用户是谁，属于哪种类型。用户运营的挖人手段和猎头十分相似，先根据上游需求列出所要挖掘的候选人清单，然后根据清单逐一沟通。在列清单的时候，其实就是在明确要找的候选人类型了，比如是多少年经验的、什么领域的专家，属于技术、产品还是运营。先弄清楚类型，再根据类型进行下一步挖掘。回到用户运营为产品挖掘核心用户。明确类型时要先看产品的定位，面向的是男性用户还是女性用户，是青少年还是白领，是数码类还是美妆类，等等，基于划分好的类型采取下一步行动。

（2）寻找竞品

明确目标之后，第二步就是寻找竞品。因为站外挖掘核心用户追求的是比站内培养用户更高的效率，所以在目标明确后，最快的挖掘路径就是找到与自己产品目标人群及定位类似的竞品，在竞品中找到可挖掘的对象。

（3）给出收益

明确了目标用户类型并找到一些可能的竞品，下一步就是给出待挖掘用户收益并想办法拉拢用户。在站内核心用户培养部分，我说明了站内培养核心用户的好处之一就是用户的认可度和忠诚度会提升。在挖掘竞品用户的时候，也要把这个因素考虑进去，除非非常需要某些用户的特殊影响力，否则尽量不要直接挖竞品主推的用户，因为成本高，效率低。相比竞品的头部用户，竞品的腰部活跃用户反而是成功率较高的可挖掘对象，他们有被认可的诉求，但由于平台资源有限还没有与平台强绑定，在这个阶段给出资源倾斜，有很大可能性将其挖走。

站外拉动的用户类型主要是KOL型用户，而站外用户的拉取方法是用户运营和用户管理团队共同掌握的。在用户管理价值里，我说明了对于核心用户的挖取用户运营单打独斗是无法规模化的，与用户管理团队协同，才有可能在一定时间内达到预期的效果。

第8章 | CHAPTER 8

用户流失预警与召回

在前文中，我们分析了如何促进新用户快速成长并持续活跃，提升用户价值。然而用户在生命周期内必然会经过从成长到成熟，再从成熟到沉默并最终流失的阶段。那么对于终会流失的用户，在其趋近流失时有没有方法预知，进而采取措施延长用户的生命周期呢？

要防止用户流失，首先需要了解什么类型的用户为流失用户并分析其流失原因，在了解用户流失的原因之后，再比照活跃用户的特征，有针对性地对趋近流失的用户进行及时召回。

8.1 延缓用户流失是提升用户价值的重要手段

前面在分析如何提升用户转化与留存时我们提到了用户价值（LTV）——用户在生命周期内为产品提供的价值。而在用户的不同生命周期阶段，从获取到转化新用户，到活跃用户，运营成本是不同的。

如图 8-1 所示，在用户生命周期中，成长期和成熟期用户创造的价值最高，而所花费的运营成本却相对较低。因此扩大这部分用户的占比，加速用户从成长期向成熟期转化，同时减缓用户从成熟走向沉默的速度，就可以最大化整体的用户价值。

举例来说，假设一款产品在半年内的用户平均活跃可以达到 60 次，每次产生 2 元的产品收益，那么单用户的价值为 120 元，产品的 LTV 为 120 × 总活跃用户数。而不同层级用户的 LTV 不同，比如相对比平均值，成长期和成熟期用户可半年内访问 100 次，每次产生 5 元的产品收益，则这部分用户在生命周期内可带来单用户 500 元的价值。虽然渠道的获客成本不同，但因为高活跃转化的渠道可带来更高的产品收益，因此用户运营要将分析的用户质量同步给渠道运营，选择高活跃转化的渠道，提升整体用户价值，并在后续持续维护高质量渠道带来的高价值用户，预知流失的倾向后及时调整运营策略，提升这部分用户的活跃度。

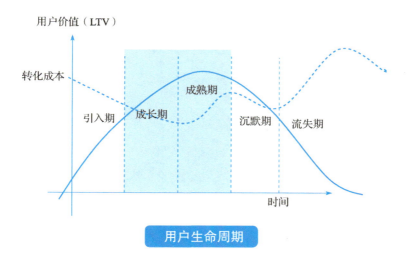

图 8-1 用户生命周期下用户价值最高的两个阶段

用户在生命周期内每个阶段留存的时间各不相同，但大体分布时间相近，而用户运营的理想状态是让用户的成熟期留存时间尽量长，即增大成熟期的面积，减小成长期和沉默期的面积（见图 8-2）。

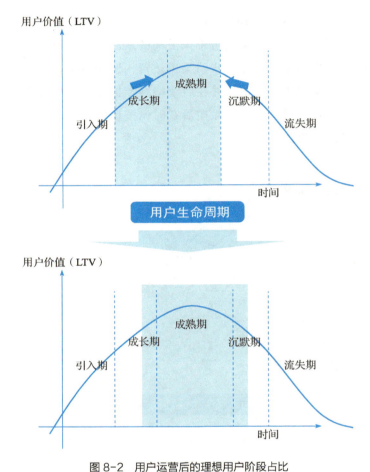

图 8-2 用户运营后的理想用户阶段占比

8.2 2个角度定义用户是否流失

每个产品的属性不同,因此对流失用户的定义并没有统一的标准。不过大体上可以从2个角度来定义产品的流失用户:用产品类型判断用户访问频次,用决策链路判断产品类型(见图 8-3)。

图 8-3 判定产品的决策链路和类型

8.2.1 用产品类型判断用户访问频次

按照用户平均访问频次,产品类型可以分为高频产品和低频产品。典型的高频产品有微信、百度等,其特点是用户需求量大,活跃频次高。无论是移动通信还是查找最新信息,都是随时需要使用的场景,因此对于这类高频用户的行为数据,应该以天为周期来统计,超过 × 天(平均用户活跃天数)没有到访的用户就要归到待流失用户范畴。

相比于这类产品,另一类产品的需求频次要低很多。比如有一款记录女性月经周期的 App 叫"大姨妈",其核心交互功能为记录女性经期。这个需求很明显是以月为单位的,平均用户活跃频次与月经时间紧密相关,因此它对流失的用户定义就要宽松一些,哪怕一周或者两周用户不活跃,也不代表用户已经流失。

携程这款以机酒旅游服务为核心的产品也不属于高频产品。大体上,当用户有旅行类需求时,从前期的准备、攻略查找、机酒对比到线路规划,都是一个决策链路较长的场景,且大部分非商旅用户并不是每天都有旅行需求，因此是否将用户定义为流失用户，需要综合衡量产品内用户的平均旅行频次（月、季度）。

上述两类产品的用户访问频次有明显差别，能否根据自身产品类型来定义流失用户就显得十分重要了。如果不做区分，都按照固定的访问频次定义，那么会造成高频产品用户已经忘记产品了，运营才想起召回；低频产品用户明明没到下一个需求点，接收到的召回策略却过于频繁，导致用户反感。因此，先判断好产品类型，再定义流失用户范围，最后去想召回策略。

8.2.2　用决策链路判断产品类型

或许你并不知道如何判断自己的产品应该算作高频还是低频，或者你知道了产品是低频产品，但你是否在用户沉默期就无能为力了呢？这里提供一个判断思路：用决策链路的长短来判断产品类型。举个例子，你饿了想要点外卖，虽然你认为"中午吃什么"这件事很难决策，但一小时内你必定会给出答案并完成下单，"中午吃什么"并不需要决策三天，这属于轻决策。而轻决策类产品通常需求较为高频，对流失用户的定义周期相对较短。

淘宝这类电商产品也比较接近轻决策产品。在淘宝上购买一件商品，无论是主动需求，通过搜索路径完成购买，还是被动需求，在浏览推荐页面时被吸引购买，用户打开软件时都带着购买的目的，购买完成后离开，直到产生下一次购买需求。由于淘宝中的商品种类繁多，许多商品具有复购性质且复购商品的决策成本更低，因此淘宝是一款高频产品。

与饿了么、淘宝相对的是重决策型产品。重决策型产品的特点是交易金额大，信息类别较为专业。

买房就是一个重决策链需求。这很好理解，对于大部分人来讲，买房是一个阶段性需求。从特征上看，买房符合交易金额大的特点。从需求产生到购买完成的流程，既需要线上综合考察多种因素，又需要线下实体查看是否符合预期等，因此整个链路很长。用户再次进行新一轮流程的间隔期会很久。链家这类买房决策类 App 属于长决策链产品，因此对用户流失的定义时间周期就要拉长，需要在较长的固定周期内进行用户分层，重点召回决策期的用户。

汽车类产品也符合重决策链路特质。交易金额高，信息偏专业，因此用户在决策期内会频繁对比参数，并参考专业评测和实际购买用户体验的信息。购买完成后，用户会有很长一段时间不会再关注产品信息。因此汽车类产品在定义流失用户时也要按照长固定周期对用户进行分层，对决策链路还没结束的用户进行唤起，向服务结束后的用户推送与购买产品相关的信息来吸引用户关注。

虽然高频产品和低频产品的用户访问频次不同，但这并不能说明高频产品的产品价值就一定高于低频产品。例如，小说、视频等娱乐类产品的用户访问频次较高，然而单个用户在生命周期内产生的用户价值有限，产品的总价值取决于用户总量。而低频次、重决策类产品虽然用户访问频次低，用户总量不如轻决策娱乐类产品高，但因为最终的成交金额大，利润高，所以单个用户在生命周期内产生的用户价值就很高，再加上一定的用户总量，产品的商业价值也是很可观的。

从业务感知上，可以从高低频与轻重决策两个方向来区分用户流失。下面我们来看看流失预警系统如何建立。

回答这个问题前，我们先思考运营流失用户的本质是什么。通过用户基础画像、行为数据、消费数据建模定义流失特征只是其中一环，事实上最终目标是在动态的业务发展中识别并预警有流失倾向的用户，从而指导制定不同的挽回策略，以延长用户的生命周期。

我们可以采取以下 4 个步骤。

1）建立观测指标库，定义"流失"。 通过用户生命周期中不同层面、不同阶段的核心指标来确认用户对内容、功能、样式、交互、社区等不同层面的认可程度。例如：对于短视频 App 的内容喜好层面，可以通过观测次均分发时长、条数、完播度等来定义；对于社交类 App，则通过分析日均打开频次、功能使用频率、使用时长等数据来定义"已知流失用户"

2）模型应用校正期，"流失"定义精准化。 在此期间，通过已知"流失"模型来匹配用户，复盘观测用户实际动向，不断优化模型，提升预测的覆盖率和命中率。

3）实际预测期，"流失"用户标签化。 对未流失用户进行打分、预测，比如高风险流失用户、中风险流失用户、低风险流失用户，以及高价值流失用户、一般价值流失用户等标签。

4）策略生效期，降低与挽回。 此时需要结合业务的具体目标，如促活、下单转化、黏性等，便于运营人员按自定义抽取的不同流失预警人群包进行活动运营。

8.3　4 个角度进行用户流失原因分析

根据自身产品类别定义好流失用户范围之后，需要进一步分析用户趋近流失的原因。这里提供4个角度来进行用户流失的原因分析（见图8-4）。

图8-4　4个角度进行用户流失原因分析

1）根据用户的主观意愿判断用户是主动流失还是被动流失。

主动流失的一般原因是产品无法再满足用户的需求。曾经风靡一时的校园社交网络人人网就面临过这种用户流失的情况。人人网的前身为校内网，用户需要基于校园IP实名注册，定位特殊而垂直，人群稳定。定位为"国内的Facebook"后，人人网放开了校园IP注册的限制，将目标人群拓展为学生和白领，带来了更多新增用户。用户在产品内的核心交互是分享——分享动态，分享相册，分享外部链接。

然而在向移动互联网迁移的过程中，人人网定位一再变更，比如移动通信、移动图片社区等，每次更新之后都像是一个全新的产品。用户在几次版本更新后实在找不到自己需要的功能，就只好主动流失去寻找替代品了。

被动流失和主动流失的本质差别在于,用户并不是对产品没有需求了或者需求没有被满足,而是因为一些客观原因产品停止服务,用户不得不寻找替代品。

对于主动流失用户,需要在最早出现流失趋势时就分析出哪些功能或服务无法满足用户的需求。如果是大批流失,一定要考虑产品的核心交互功能是否发生了重大变化,如果是,通过恢复核心产品功能稳住大部分用户。

对于被动流失的用户,需要有与产品类似的其他产品,可以通过各种渠道引导用户流向替代产品。

2)从流失程度上衡量用户是完全流失还是部分流失。

完全流失就是用户已经卸载软件,在这种情况下,除非用户在注册信息中留有通信方式,否则连通过短信或邮件方式唤回用户的可能性都没有了。而部分流失主要是用户走向沉默,用户可能从未活跃过,也可能是从成熟期逐渐走向沉默。

针对两种不同的情况,用户运营可以参照将用户从新用户转化为活跃用户时使用的方式,或者延缓用户向沉默转化时使用的运营手段。

3)从流失速度上看用户是突然流失还是逐渐流失。

用户突然流失往往伴随着产品发生重大事件,如服务被动停止或者产品发生重大负面事件导致群体性卸载。而对于用户逐渐流失,往往可以从定期的用户数据观察中发现迹象,这种流失最大的可能是用户找到新的产品并在新产品中持续活跃。

这种情况下,后者还可以想办法迁移一部分用户需求,前者唤回用户的可能性就不大了,因此用户运营应该将主要精力放在有迹象流失的用户上。

4）从流失去向上看用户是流向外部产品还是流向内部功能。

前面提到过，在一款产品的用户体量到了一定规模之后，一定会有外部产品看中这块市场并研发类似的产品，最终找到一些差异化进行竞争。在抢夺用户的过程中，对于新产品来讲是在做拉新，对于成熟产品来讲是在想办法维系已有活跃用户。这种情况下，用户很有可能就直接流向外部产品了。如果数据监控到用户已经长期沉默且在产品内部也没有其他交互，而外部竞争产品的用户数量在不断提升，则基本可以判断用户已经流向外部产品。

从用户生命周期来看，对于新产品来讲，如果后续能够做好用户转化，那么拉新的高成本会随着用户在产品内的成长趋于持平至盈利；对于成熟产品来讲，维系用户的成本再次升高，而用户已经进入后半段，因此控制用户沉默趋势是性价比最高的策略。如果用户已经从沉默趋于流失，则运营成本就高于用户可以带来的价值了，对于这部分用户可以战略性放弃。

还有一种流失属于内部功能上的流失。用户本来长期使用产品的某个功能，但是经过一定时间后这项功能的用户逐渐减少，有些用户直接流向外部产品，而有些用户虽还在产品内活跃，但是流向了产品中的其他功能。

这种情况下，需要判断是否之前用户活跃的功能出了问题，用户转移到的新服务是否对用户更有价值，是否需要强化新服务来稳定用户的活跃。

用户的流失是一个表象，在同一个表象背后或许原因各不相同，而针对不同的原因运营方式也是各不相同的。面对用户流失,分析原因、比对分析之后做差异化运营,是延缓用户流失应有的过程。

8.4 活跃用户与待流失用户比对分析

一款产品中,总有用户持续活跃,有用户逐渐流失。用户运营需要对活跃用户和待流失用户进行比对分析。这里介绍的比对方法如图 8-5 所示,主要分四方面:活跃用户的召回路径、好友情况、关注情况和主要停留页面,待流失用户的最后访问、好友情况、关注情况和主要停留页面。由于待流失用户很长一段时间不再活跃,因此将活跃用户中的常规召回路径与待流失用户的最后访问进行比对。

图 8-5 活跃用户与待流失用户行为对比

(1) 活跃用户的召回路径与待流失用户的最后访问

活跃用户进入产品的途径往往并不单一,有的是因为产品的某项固定功能促使用户主动查阅有无新消息，有的则是被推送提醒等唤回。通过不同路径进入后，用户的进一步数据表现也会有所不同，可据此做更进一步的数据分析。

而待流失用户因为已经长时间不再访问，就无法分析哪个路径对于用户更有吸引力，可以更好地满足用户需求，这时想要了解用户不再活跃的原因，只能分析用户最后的访问。参照活跃用户的访问路径情况，分析一下待流失用户在产品中的最后访问情况，比如对比活跃用户经常访问的路径，待流失用户最后访问的交互是否完整，停留在哪个功能区域或页面，是否这个功能区域或页面没有满足用户需求导致用户不再使用，是否缺少用户所需的服务导致用户转向了其他产品。

（2）活跃用户与待流失用户停留页面

活跃用户的访问路径主要有主动和被动两种，根据两种类型带来的用户访问可以进一步分析其停留页面，判断什么内容更吸引用户。

如果活跃用户大部分通过主动打开产品进行交互，那么就要进一步分析活跃用户主要停留的功能模块和页面类型，因为这些功能和页面就是产品内吸引用户的核心功能和核心内容。

如果活跃用户的主要召回路径来自消息提醒，则可以分析是哪些内容和信息将用户召回，之后在向所有用户推送提醒时尽量只推送这类信息，减少不必要的提醒，以免提醒过于频繁且无价值，导致用户进一步流失。

分析和活跃用户相比，待流失用户的停留页面与最后访问页面之间的关联是什么，在最后访问流程中哪个页面的停留时间较长,哪个页面的停留时间较短。通过用户的停留页面分析用户需求没有被满足的原因。

因此,根据停留页面的区别进一步分析,可以判断用户进入后落地内容对其是否具有足够的吸引力。

(3)活跃用户与待流失用户的关注情况

分析活跃用户的关注情况,是因为如果用户关注内容多,则一定程度上会为用户产生更丰富的信息和更大的价值,用户停留的时间也会因此而增加。在活跃用户的关注中提取被关注最多的内容和类型,向其他用户进行推荐和参考,对于其他用户来讲是将内容进行筛选,挑选出优质的内容,有利于更多用户在产品内活跃。

分析和活跃用户相比,待流失用户的关注列表是否不够丰富,导致产品内容对于用户没有价值,待流失用户相对于活跃用户的关注是否过于单一。

(4)好友情况对比

相较于关注,好友更多代表的是一种双向的关注关系,因此比关注的社交链接更进一步。分析活跃用户的好友情况可以大致推算出多少个好友关系可以维持住用户在产品内的活跃状态。

用户运营可以进一步比对和分析一下,和活跃用户相比,待流失的沉默用户是否只有系统默认的好友而没有进一步的社交链接。

用户运营需要从这几个角度将待流失用户与活跃用户进行横向比较,甚至与曾经活跃的用户自身行为进行纵向比较分析,找出差异点后进行下一步的精细化运营。

从上面的几点比对中，用户运营可以观察到，活跃用户在内容和服务上更倾向于认为自己得到满足，有自己的社交链，因此有活跃动力，这使得其在外部竞品抢夺用户的过程中流失的速度较为缓慢，而待流失用户却往往会在这几个环节中数据表现与活跃用户有较大差异。

那么具体如何建立召回体系，以将预警与召回相结合呢？

首先，需要明确是否所有流失用户都值得召回，是否所有即将流失的用户都值得运营以延长其用户生命周期。想必书前的你已经有了答案。用户召回体系建立的第一步，即明确需要挽回的目标用户群体，并对群体进行分层。如价格敏感型用户很难通过高品质来吸引，社交链深度使用用户更青睐互动召回，短视频爱好者难以从长视频运营活动中得到唤醒，而喜欢热点的用户则对高浏览量围观、聚集效应更加好奇。

其次，明确玩法，即触达手段与落地形态的设计，如常规的弹窗、banner、推送、短信、邮件、红点、图标皮肤等。触达用户的手段并非多么出奇，但唤醒策略却可各有妙招。比如在安卓手机上短视频App的推送样式进一步升级，有精美的封面、播放图标，推送里即可播放观看，相比原有的小图文，更具有吸引力且操作路径更短，方便用户直接消费。再比如春节期间各家App图标皮肤的豪掷"10亿红包""20亿红包"。落地玩法则直接决定了用户对此次唤醒、召回的"复活"程度。如前所述，投其所好，精准命中，而非大面积普惠，这才是有效率的召回。

最后，监控与复盘。随着用户被唤醒和召回，其行为数据、流失标签在一定周期内更新，此时监控动作则可以观测运营手段的有效性，并为后续的运营手段增加复盘经验。随着这样的监控与复盘增多，一套最有效的运营手段可被完整构建。

8.5 用户流失的 3 个原因及运营策略

经过前面的流失情况分析以及与活跃用户的比对分析，我们可以大致将用户流失归为 3 个原因，如图 8-6 所示。针对这三种不同类型的用户流失情况，可以给出相应的运营策略。

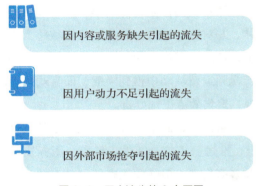

图 8-6 用户流失的 3 个原因

（1）内容或服务缺失引起的流失及运营策略

针对内容和服务缺失，分析待流失用户近期的行为来辅助判定缺失类型。在完善内容与服务之后对用户进行定向召回。

用户既然已经进入产品，那一定是对产品有一定预期和需求的。如果用户还是在生命周期内从新用户成长为成熟用户后逐渐趋近待流失用户，那说明产品曾经在一定程度上满足过用户的需求，只是这种满足逐渐减少了。

内容上的缺失如第 7 章举例的导流类产品，既影响到新用户向活跃转化，又会导致用户逐渐流失。同样是沉默用户，相比新用户转化的问题，活跃用户流失则更有迹可循，用户运营可以从待流失用户的最后几次访问中找出用户想要查找但却没有得到满足的内容，定向拓展内容后通过提醒的方式告诉用户这部分内容有新增，对用户进行拉回。

　　而对于服务的缺失也需要分析一下具体情况，是因为服务本身品类拓展没有到位，还是地域原因导致部分地区用户根本无法使用。有些服务是品类的拓展有限，比如一些外卖平台最初只有某一些类型的餐厅可以选择，后续随着服务的拓展需要及时通知用户进行唤回，这样因服务缺失而流失的用户会有一定比例进入产品内，重新判断产品是否满足需求。而有些服务缺失是因为地域限制，如一些话剧演出等服务只在某些城市进行，那么针对其余城市的用户，要么推送相邻城市，要么当服务的地域拓展后及时通知用户。

（2）用户动力不足引起的流失及运营策略

　　我们应该能理解用户并不会长时间只投入到一个产品上。内容或服务的缺失会导致用户流失，而产品内除了核心需求本身，用户在产品内并没有感受到成长，或缺少社交链，同样会导致用户流失。

　　在一款持续活跃的产品中是否随着产品本身有一定的成长对于用户来讲是很重要的事情。如果产品本身就是高频产品，用户持续在产品活跃的同时产品没有相应的成长反馈给到用户，一定时间过后用户会因为缺少动力而寻求其他产品进行需求满足。

通过建立成长体系给用户及时反馈以延缓用户流失，在这一点上，传统企业都深谙此道。很多餐饮行业都会在用户初次消费后给用户一张集戳卡片，提醒用户每次来都盖戳，5次或10次以后可以免费兑换餐品或饮品。这种形式其实就是最传统的用户成长与用户反馈。用户在使用/消费产品的同时，认为自己在使用产品中有了连接与成长，且这成长是有反馈和预期的，会延长用户的活跃属性。如果本身差异化并不太大的产品缺少用户成长体系和相应的用户反馈，则会因为产品替代性高使用户因失去动力而逐渐流失。

社交链是另一个强有力的增强用户使用产品动力的方式。社交链根据用户本身的社交关系可以分为熟人社交链与陌生人社交链。

熟人社交链主要指的是现实生活中来往密切的人群，如家人、同学、朋友等在生活圈子里经常联络的人。熟人社交链的建立一般在通信类产品中较为常见，因为通信类产品的核心交互是互相联系。由于用户规模庞大，微信已经成为短信的一种代替，对于微信这种体量的产品，用户在允许软件读取通讯录时抵触心理不会太强烈。然而大部分产品不具备这样的产品属性与规模，也并没有一定要拉入熟人在此社交的必要性，因此不是我们讨论的社交链类型。

我们重点关注的是认识的人以及陌生人社交链。认识的人与熟人之间的差异在于是否在生活中有密切交集。如同事就是很典型的认识但并不会在生活中有过多交集的人群。而陌生人社交链关系要更远一层，主要指的是用户与用户之间根据兴趣爱好建立的连接。从用户心理的安全感来说，在可能希望隐藏一些爱好身份的平台通常会以陌生人社交链为主，通过兴趣找到小圈子的朋友，主要通过线上进行连接。

如果是以内容为核心交互的社交类产品，则一定要加入社交链。可以通过在用户感兴趣的内容中增加其他用户的评论、增加好友推荐、增加相似内容关注列表、突出内容发布者信息等方式让用户与用户之间建立联系。在用户之间建立联系之后，内容发布者有新消息时的消息提醒会比通用的召回提醒更有可能唤回用户。

（3）外部市场抢夺引起的用户流失及运营策略

一款产品的商业价值通过用户积累得到验证之后，行业中会出现更多相似产品争夺市场。而新产品在抢夺市场的初期必定会提供大量用户福利，因此会有部分用户流失是外部产品竞争导致。

面对新产品竞争，首先需要稳住产品核心价值，并强调差异化内容的运营，且鼓励已有用户进行交互，对老用户做好用户运营，如特殊成长反馈、举办唤回老用户的运营活动等。

差异化内容的关键在于用户。同样的内容在不同的产品中所得到的反馈和互动是不同的。看八卦去微博，看生活体验去知乎，看影评去豆瓣，一切差异化的本质都是用户对内容进行互动产生的新内容的差异，且这些差异形成了新的用户氛围。而这些用户氛围是经过一个时间周期，加上用户运营的氛围引导，再加上同类型用户互相吸引共同形成的。

微博作为一个日活跃用户接近两亿的超级社交类产品，在早期也面临着外部市场抢夺用户的紧张局面。2009年8月，新浪微博上线，主打的差异化的点在于明星入驻。而后随着移动互联网兴起，新浪微博移动端很适合发布短内容，且有明星入驻加持，用户规模逐渐扩大。迅速扩大的用户规模使得其他公司洞悉了市场空间，迅速瞄准微博用户群体上线相似产品。

2010年4月，搜狐、腾讯接连推出了自己的微博平台。搜狐与新浪都是门户网站出身，有着媒体资源。搜狐邀请与自身关系密切的喜剧演员入驻平台生产内容，进行市场切分。而腾讯则依托QQ庞大的用户群体，从体育明星着手开始邀请名人入驻。这场市场争夺在当时可谓轰轰烈烈，持续了2年左右，搜狐、腾讯都全力争夺微博用户。其中腾讯微博由于有QQ账号优势，一度注册用户超过2亿。

然而用户或许一开始会因为新鲜或者自己都不知道的原因开通了搜狐微博、腾讯微博，然而在使用的过程中，却因为产品的同质化、差异点不明确、社交链等原因最终仍旧回到新浪微博。更重要的是，由于占到了时间窗的优势，新浪微博的内容已经不只是头部明星生产的内容，更多的是头部效应带来的腰部红人及中长尾用户生产的内容。对于这部分用户来说，有自己的固定认知，社交链中有自己的小圈子，迁移成本高，且有许多内容属于围绕头部明星所生产的圈子内容，这些逐渐成为用户选择留在微博的理由。这也是最终新浪微博在微博大战中守住阵地的主要原因。

因此面对用户流失，用户运营需要针对三种不同的情况，给出不同的精细化运营解决方案：是通过丰富内容和服务更好地满足用户，还是通过成长体系增强用户动力，抑或在外部争夺市场时稳住优势、增强用户社交链，都要根据实际的情况做好相应的运营工作。

8.6 延缓用户流失策略——用户成长体系的实际应用

在延缓用户流失的运营策略中,用户成长体系是一项实用的工具。在第 3 章中,我给出了 4 个阶段的用户成长体系整体的设计思路。

在最初设计成长体系时就需要将用户的不同成长阶段进行对应的分类。做好用户分类后,围绕核心功能规划成长路径,从浅到深,从简单到复杂。在用户的成长节点及时给出提醒和最终的权益,是维系整个成长体系的关键。

以核心交互的激励为核心路线设定,在用户分类时就预设好用户在各个成长节点的级别差异,并实时体现出不同级别所解锁的权益,可以给用户带来更多活跃的动力。这里我以 Keep 为案例来分析一下用户成长体系在促活、延缓用户流失中起到的作用。

在用户成长体系的设定上,Keep 这款健身软件做得比较完善。从成长路线设定、用户反馈设定、到用户权益提现都考虑到了不同类型用户的成长规划。除此之外,在社交链的建立上,Keep 也做了积极的尝试。

1)不断拉动用户使用核心产品交互的成长路线设定。

Keep 作为一款线上健身教学软件,其核心的交互就是课程训练。因此在成长路线的设定上,首先让用户通过健身获得成长值,每一次完成训练课程都会有相应的成长值累积。与其他签到类型的功能不同,Keep 的成长并不是通过浅交互的登录就可以获得,而是一定要完成核心交互才会得到,因此成长值与用户实际得到的健身反馈是正相关的(见图 8-7)。

图 8-7　Keep 用户成长路线设定

有健身习惯的用户都有过偶尔因为特殊原因有一两天无法坚持的情况，这一点 Keep 的成长体系也都考虑到了。除了连续性锻炼的勋章之外，体系本身还有一套累积的成长，避免用户因为成长断掉带来的消极反馈，从而给用户持续使用产品的动力。

随着用户成长值的增长，对应的级别也会相应升高。在每个对应的等级到达时，产品本身会给用户一个相应的升级报告，这份报告详细记录了从上一个级别到这一个级别该用户一共付出了多少努力，燃烧了多少卡路里等正向的数据。用户可以从这份数据记录里直接感受到自己的成长，且报告可以生成分享海报，便于传播。

达到一定级别的用户大部分可以认定为时长型活跃用户，因为每一次的数据产生都是由核心产品交互带来的。对于时长型活跃用户，可以在他们达到某个级别后开始推送增值服务的体验，引导时长型用户向付费型用户转化。

2）无论用户在哪方面有成长，马上给出反馈。

Keep的成长体系的设计规则十分复杂，不同的交互、不同的用户类型都有不同的计算方法（见图8-8）。

图8-8 多维度成长指标

- 成长值：将用户健身行为量化，以健身+社交作为加分项，强化用户使用。
- 坚持指数：签到，激发用户活跃行为。
- 专享权益：刺激用户健身、社交行为，用周边礼物带动消费，塑造品牌形象。
- 会员特权：定制训练。

最核心的反馈设定就是前面提到的成长值的提升。这是将用户的健身行为进行量化，主要鼓励用户进行课程训练＋训练成果分享，鼓励核心交互＋社交链培养，强化用户的使用认知。

最初的产品社区属性不太强，在用户达到一定规模之后，经过运营引导，社区氛围逐渐形成。在社区中，用户级别本身意味着用户的身份地位，级别高意味着使用产品时间长，对于特定领域有一定的了解，因此成长值提升带来的等级提升是用户在社区活跃的隐形动力。

除了成长值带来的等级——KG等级之外，Keep在每个级别下还有着对应的坚持指数及专享权益。坚持指数是对用户的正向反馈，让用户认为自己在使用产品的过程中磨炼了自己意志，而对应的等级权益则让用户认为自己的坚持是有回报的。

而会员特权则是为追求品质的付费型活跃用户而设定的。除了满足基础需求，会员特权中还展示了付费之后的全方位服务升级及优惠权益，增加了免费会员向付费会员转化的可能性。

3）权益都是自己的成长得来的，为用户设置成长值价值出口。

在第3章中，我提到了用户成长体系分为两个环节，成长值的设定与获得属于输入环节，而成长后获得的权益属于输出环节。

如图8-9，Keep在用户获得成长值之后，通过即时反馈给用户激励，通过丰富权益给用户成就感。

首先，用户可以自己设定目标，自主设定目标给用户掌控感而不是被动达成，且通过不同的课程设定可以激发用户的创造力。

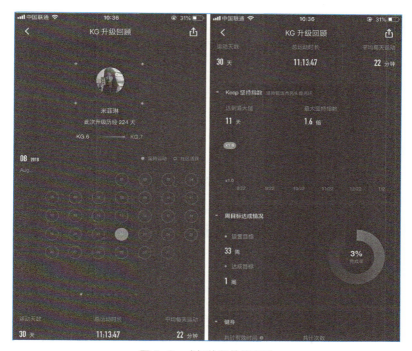

图 8-9 成长体系价值出口

其次，成长体系根据用户的目标设定在每次用户达成时给出即时的达成反馈，并周期性地反馈给用户目标完成报告，不断提升用户的信心与成就感。而每一次的等级提升都会有明确的新等级标识与新增权益。

最后，随着用户的等级提升以及其在社交圈子中互动的增加，用户的影响力也会随之提升。

4）你不是一个人在战斗——社交链的不断深入。

Keep 的定位是：给热爱健身的人群使用的软件。这个用户群体的共同特质是希望做更好的自己。Keep 里的社交场景主要分两块：每次完成课程之后的动态发布，以及软件中的推荐模块。

和课程相关的社交属性从一开始就放了很多细节，比如在课程训练加载时就已经提示有多少人在和用户做同一套训练，让用户产生氛围感，更加强了用户结束训练后发表动态的动力。用户结束训练后，会自动生成一个动态，用户可以直接点击发布按钮进行发布。当然用户也可以将图片编辑之后再发布，但无论是哪种发布方式，只要用户进行了发布，就增加了一条可互动内容。当用户发布的动态被其他（或许在做同一套训练的）用户看到时，最轻的交互是加油（点赞），再进一步的是评论，由此建立社交连接。

而推荐中的内容则是在发布的内容中互动次数较高，得到较多关注和讨论的内容。这个页面中也有入口进行内容的发布与分享。得到的关注和互动越多，用户在产品中的影响力越大，用户运营可以迅速获取的核心用户群体也就越多。这样的核心用户获取方式，可以为之后的运营活动带来更好的优质内容储备和用户参与氛围。

通过 Keep 这款产品我们可以看到，成长体系的灵活运用以及拓展用户社交链的方式，可以不断提升用户使用产品的动力，促使用户活跃，延缓用户流失。

用户运营在对用户的促活与召回上，也要把握好几个用户路径关键点，摸清用户流失的原因，在对用户活跃有积极效果的运营手段上花费更多的心思。

第 9 章 CHAPTER 9

用户运营与用户心理学

前文讲解了提升用户转化以及促进用户持续活跃的方法。其中在介绍一些案例时，我提到了在某些场景下用户心理会发生变化，这些变化往往是有规律的。抓住这些规律，可以使用户运营贴近用户心理，更好地理解用户行为背后的意义。

本章将从日常场景出发了解用户心理的不同表现，并介绍13种常见的用户心理效应，以帮助用户运营人员更加直观地了解用户心理。

9.1 了解用户心理

9.1.1 不同场景下的用户心理表现

运营、营销的影响无处不在，其中有很多影响对受众来讲都是潜移默化的。其实不只是我们在工作中面对的用户，包括我们自己，在一天内做的选择中真正是自己自主决策的有几个？比如吃什么，穿什么，浏览什么网页，选择哪种交通方式，几点下班，几点睡觉，等等。是什么影响了我们做的每一个决定呢？

日常生活中的场景往往会令我们难以察觉，下面我来设想几个场景。

场景1：产品与情怀

在小米手机发布会上，在罗列了小米手机的硬件性能和参数之后，最后一页幻灯片上出现了小米手机的主题：为发烧而生。这句话使得全场米粉沸腾，让现场的米粉有强烈的归属感与认同感。

即使从手机本身出发，不同手机之间的硬件性能未必有太大的差异，然而在当初国产手机还被认为山寨和落后的年代，小米手机的出现以及它"发烧友"的定位激起了米粉们的情怀，使得小米手机一炮而红。

在打造情怀这一点上，苹果公司一直很有自己的特色。下面这个场景你可以试着代入一下。你在加班回家的路上，看到了一幅巨型广告牌，苹果电脑在广告牌上张贴的内容是一名女性/男性的身影，面前一台苹果电脑，上面只有一句广告语："敬 Mac 背后的你。"

在这样的场景下，看到这样一则户外广告，你是否会将努力奋斗中的自己与这款产品相连接，认为在 Mac 背后改方案等于努力奋斗？而苹果公司是否可以通过这样的场景设定将苹果电脑的商务和奋斗属性植入用户心里，与强调娱乐和性能的游戏本区分开？

场景 2："种草"与买买买

近两年大火的女性社区小红书以"种草"闻名。所谓"种草"指的是用户在看到某款被推荐的产品，想要拥有的那种内心蠢蠢欲动的感觉。

"种草"的核心在于"现在没有，虽然想要拥有但也不是很需要"。然而经过一再推荐之后，更多女性用户往往会购买，虽然买回来之后发现并不适合自己。这又是什么原因呢？

场景 3：抢疯了的联名款和爆款

平价服装品牌优衣库与设计师联名推出了 KAWS 系列 T 恤，

在开卖当天遭遇疯抢，店里人头攒动，抢货现场惨烈。

无独有偶，星巴克在 2019 年推出一款限量猫爪杯，在抖音上无意中火了之后突然遭遇疯抢，并在产品上线后出现了顾客疯抢甚至大打出手的尴尬场面。

几十块钱的一款 T 恤、一款杯子，为什么会让顾客如此疯狂呢？

场景 4：停不下来的手，睡不着的夜

很多年轻人晚上希望可以早点睡觉，然而往往都事与愿违。通常是打开游戏和队友们"开黑"，想着赢一把就睡，结果一不小心就到了凌晨 2 点。

即使不玩游戏的朋友也往往难逃魔咒。刷下短视频，心里想着，5 秒、10 秒一个应该不会太久吧？结果看着看着，居然就过去了两个小时……

明明想到了时间就停止，结果却又忘了时间。

看完了这 4 个场景，你可以再体会一下本章开头提出的那个问题：在一天内做的选择中真正是自己自主决策的有几个？仔细回想，或许你会发现你其实也和所有用户一样，不知不觉被各种场景下的各种心理所控制，没有太多真正意义上自主决定的事情。

正是因为我们会在不知不觉中被潜意识驱使，做出各种决定，我们才能从中慢慢总结、抽象出一些规律，然后跳出这些规律看怎么合理地运用它。用户希望通过使用各种产品去满足各种需求，对用户进行合理引导，既可以在某种意义上提高用户效率，又可以为我们所运营的产品赢得用户。

9.1.2 什么是用户心理学

1. 用户心理学定义

关于用户心理学目前并没有严格的定义。如果分开来看，用户心理学首先属于心理学的一个分支。那么心理学的定义是什么？心理学是一门研究人类心理现象及其影响下的精神功能和行为活动的科学，兼顾突出的理论性和应用实践性。从这个定义中我们可以了解到，心理学研究的是一个群体现象，是对一个群体的一些行为共性进行研究与应用的学科。

基于心理学定义，我对用户心理学的定义是：**研究用户在使用产品过程中的心理活动，从而可能对其行为产生影响**。也就是说，我们要知道用户在使用产品的过程中看见什么内容会有什么反应，或者什么因素会影响其决策与行为，并产生什么影响。

具体到应用层面，为了提升运营效果，用户运营需要通过研究用户心理学，了解用户在什么样的心理活动下会发现、使用、传播产品，并对随后的用户行为进行观察与数据分析，从而达到挖掘用户、激励用户和留住用户的目的。

2. 13 种用户心理效应

不同情景下用户会有不同的心理表现，我将这些典型的用户心理表现归纳为 13 种不同的用户心理效应，如图 9-1 所示。

（1）登门槛效应

登门槛效应指的是一个人一旦接受了他人的一个微不足道的要求，为了避免认知上的不协调，或想给他人以前后一致的印象，就有可能接受更大的要求。用户在使用产品时也会因为这种心理而与产品产生更深的连接。在挖掘种子用户的时候，用户运营如果接触到目标种子用户，与他先建立简单的连接，后续的种子用户运营就会顺利得多。

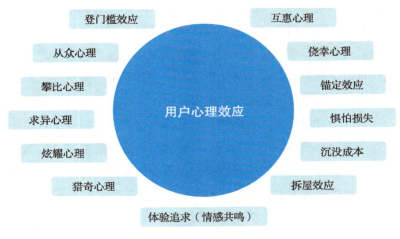

图 9-1　用户心理效应

（2）从众心理

从众心理是指个人受到外界人群行为的影响，而在自己的知觉、判断、认识上表现出符合公众舆论或多数人观念的行为方式。从众心理是一种较为普遍的心理现象。人的社会性使得个体倾向于融入群体中，从而减轻自己的判断压力。前面提到的几种场景中，联名的爆款也好，星巴克的限量杯子也好，有了大众对这件产品的期待，原本平常的商品成为顾客争相追捧的热门产品。其实除了少部分用户，更多的用户追捧某产品是来源于从众心理，即认为大家都抢的一定是好产品。

(3)攀比心理

攀比心理是一种脱离自身经济收入情况盲目攀高消费的心理。用户攀比心理体现在各个方面，不只是消费产品。用户期望通过超越同一个空间内的其他用户而得到心理上的满足，本质上是希望获得认同和追捧。

(4)求异心理

用户一方面会跟从大众的想法，另一方面又希望从类似的想法中寻找不同，并希望自己是与众不同的，这就是求异心理。

(5)炫耀心理

炫耀心理是指用户希望显示自己某种超人之处的心理状态。与攀比心理往往有特定的攀比对象不同，炫耀心理只是单纯地想向所有人展现自己的超常之处。

(6)猎奇心理

猎奇心理指的是想要获得有关新奇事物或新奇现象的心理状态。用户的猎奇心理主要表现在对于未知信息的渴求。

(7)互惠心理

当用户认为某种行为可以使自己与他人都获利时，他会比仅自己获利甚至牺牲他人利益而获利更有行动的动力。近两年"用户裂变"的运营方式通常会利用用户的互惠心理来传播产品。

(8)侥幸心理

侥幸心理本意指的是希望通过偶然的原因取得成功或者避免灾害。用户的侥幸心理往往指的是，在同样的产品使用中或活动参与者中，用户希望自己是获得偶然机会的人。

（9）锚定效应

锚定效应指的是人们在对某人某事做出判断时，易受第一印象或第一信息支配，就像沉入海底的锚一样把人们的思想固定在某处。

（10）惧怕损失

相比得到带来的欢乐，同样的损失带来的痛苦要强烈一倍，这样的心理称为惧怕损失心理。

（11）体验追求（情感共鸣）

若产品本身不单纯是产品而成为某种象征，或者产品能让人在情感上引起共鸣，则用户与产品之间的连接会更加深入。

（12）沉没成本

沉没成本指的是人们在决定是否做一件事的时候，不仅会看这件事对自己的收益，也会看过去是否在此事上有过投入。这些已经发生的不可收回的支出，如时间、金钱、精力等称为沉没成本。

（13）拆屋效应

拆屋效应是鲁迅提出的，原意是：如果你说要拆掉屋顶，必定会被拒绝，但如果再提出只开个天窗，则往往会被接受。该效应指的是先提出对方不能接受的需求，再提出一个小需求往往会被接受。

上面这13种用户心理效应是我们平时在运营工作中常见的用户心理表现形式。在用户使用产品的路径中以及不同的用户生命周期，运营人员可以根据用户的不同心理进行有针对性的运营。

9.1.3 用户心理的演变

实际上在互联网产品中,用户心理并不是从一开始就表现得如此多样的。随着互联网产品的发展,用户心理追求的产品价值开始发生变化。如图9-2所示,用户心理追求的变化主要有三个阶段。

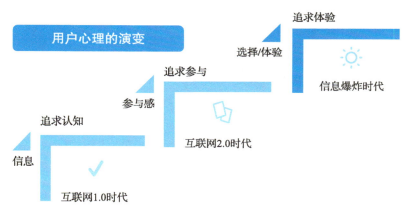

图9-2 用户心理追求的变化

阶段一:追求认知

互联网1.0时代可以称为信息时代,这时的互联网产品以门户类网站为主要产品形态。在这个阶段,新浪、搜狐等门户网站的产品设计主要是在罗列信息,**用户在产品中主要追求认知**。通俗来讲,在互联网产品诞生初期,达到"知道今天发生了什么"这个程度,用户基本上就满足了。此时的用户运营甚至编辑应用最多的用户心理就是猎奇心理,这也是从门户时代一直到现在"标题党"盛行的原因。

后续随着互联网信息的不断增多，信息获取的门槛逐渐降低，门户网站发现了用户的表达诉求，产品形式上开始出现了一些互动功能，比如在新闻下有了针对内容的评论，很多用户在评论区发表自己的意见。有了表达，用户开始有了求异心理，运营也开始将有个性的评论内容通过置顶等方式让更多的用户浏览与互动。这个时期，网易新闻因其"用户评论"功能吸引了一批有互动诉求的用户。

阶段二：追求参与

发现用户开始有交互需求后，专门用于满足用户交流需求的社区型产品开始出现，进入互联网 2.0 时代，即社区和论坛的时代。这时用户已经不只是针对新闻类信息进行简单评论，而是基于一些事件加入自己的观点，形成新的内容进行讨论。社区型产品以"帖子"的形式将用户聚合到一起进行意见交换，甚至基于不同用户群体产生社区中的亚文化圈子。

比如"抢沙发"这种社区文化的本质是用户希望自己发表的内容被置顶，内容未必多有深度，但用户希望自己在社区中可以得到最大限度的曝光。这里隐藏着用户更深层的心理诉求：参与感。

阶段三：追求体验

当互联网用户既是内容的浏览者又是内容的生产者时，内容产品已经由单向的互联网产品演变成平台式的双向产品。由于内容供给模式的转变，内容量呈指数级增长，内容载体也变得更为丰富。除了传统的图文类信息产品，互联网产品的信息载体还加入了长视频、短视频、直播等，同时互联网产品的服务也开始连接线上与线下，实现完全的服务体验闭环。在这个信息爆炸的时代，用户追求的已经不只是获取新的信息（信息太多了，根本浏览不完），而是让产品来提升效率，提供更舒适的用户体验。

用户体验是一种综合的认知。从产品的视觉设计，到产品的易用性，甚至到产品中的氛围是否友好，用户在实际使用产品时都会有所感受。用户的感受是主观且动态的，可能会因为一些细节而变化，用户运营需要抓住用户体验过程中动态的心理变化进行合理引导，更好地促进用户转化与留存。

随着互联网产品的不断进化，用户的追求有了较大的差异，而且用户一定还会随着新的功能或载体变化而产生新的诉求。根据用户追求的变化做出及时判断，并研究新诉求下的用户心理变化，才能做好用户运营。

9.1.4 用户运营为什么要研究用户心理学

大部分运营人员在工作中或多或少利用了某些用户心理，但未必会系统整理出可用的用户心理表现，以及这些心理表现与用户运营工作之间有什么关联。然而从运营工作的职责来看，研究用户心理学可以使用户运营在工作中更加懂得用户的真正需求。

1. 用户运营工作职责与用户心理应用

如图 9-3 所示，用户运营的工作职责主要有四部分：用户获取、用户画像分析、用户体系搭建及用户传播与裂变。

用户获取对应着拉新，用户画像分析是为了更好的用户转化，用户体系搭建是为了留存用户，用户传播与裂变是为了让活跃用户拉动新增用户。整个流程跟随着用户路径及用户生命周期，运营好了这四个部分可以带来很大的用户价值。

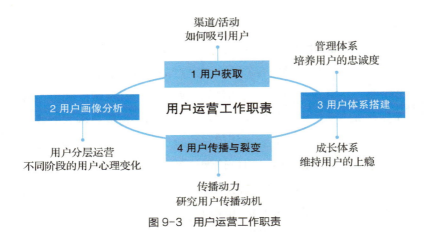

图 9-3 用户运营工作职责

（1）用户获取与用户心理

如何应用用户心理学获取用户关注呢？我们先看图 9-4 中这两个公众号的推送消息。

图 9-4 两个公众号的推送消息

以上两个公众号的推送信息，你更有可能点开哪个？

第一个公众号推送的标题比较常规，基本上就是内容的概括。而第二个公众号的第一篇标题，先预设了自己的立场，与众多"被加班"的目标用户划分到同一个阵营，通过情感共鸣吸引用户进入。第二篇标题，通过"不为人知的秘密"这类会引起用户猎奇心理的字眼吸引用户了解活动。

由此可见，在互联网产品中用户心理学的应用无处不在。甚至连公众号的用户点击获取，运营也可以利用用户心理通过标题吸引用户。

（2）用户画像与用户心理

用户画像分析的主要目的是区分人群定位，向不同人群推送不同的内容，然而在实际运营中，会有许多场景忽略了用户心理导致转化达不到预期。

比如一家目标用户人群是都市女性的淘宝女装店，从选品到商品详情页都面向这个用户群体来运营，然而因为没注意到商品评价区首屏出现了"给妈妈买的，妈妈很喜欢"这样的用户评价，导致商品与目标用户群体产生违和感。用户本来希望通过购买商品带来符合自己年纪的体验，结果这类评价的出现使得购买这一行为等同于将自己与评价者妈妈放在一个年龄段，最终商品成交受到影响。

上升期的淘宝店铺深谙此道，在用户在店铺内消费后，店主会积极与消费者沟通售后，并鼓励消费者分享自己的良好使用体验，从而积累更多角度的用户实际体验效果，让新进入店铺的用户对产品和店铺产生信赖。

因此用户画像可以帮助用户运营明确用户特征，而用户特征与此特征下的用户心理相结合，可以为运营提供更好的策略。

（3）用户体系搭建与用户心理

用户心理学在用户成长体系与用户管理体系中都为用户运营提供了关键的指导作用。

在用户成长体系搭建中，几乎每个产品的成长体系都是围绕着同一套"建立等级—设计任务规则—等级提升展现"的逻辑来设计的。然而同样一套逻辑，有些产品的用户体系就是用户运营强有力的抓手，有些产品的用户体系就形同虚设。这说明在同样的体系机制下，不同的运营方式会带来不同的效果。

在用户的成长体系中，游戏的成长体系很典型，用户在游戏里的目标是得到等级提升的反馈，因此游戏中的成长体系充分利用了各种用户在游戏中可能产生的心理变化。对排名的追求、对等级提升的追求都涉及用户心理的不同效应。

而对于用户管理体系的搭建，最核心的目的是通过管理体系让用户主动为产品考虑，协助管理产品甚至管理其他用户。在产品中，维系可以加入管理体系的用户往往不是靠的工资等经济支出，事实上工资并不能让核心用户有足够大的动力协助产品做用户管理。因为一旦支付了工资，核心用户的立场立刻变成付出与所得报酬相应的工作量这一模式。

在用户管理体系中，用户运营需要了解体系中核心用户的诉求：渴望认可，渴望不同。因此在进行核心用户反馈时，要让核心用户显现出不同，提供与产品相关的虚拟权益。

（4）用户传播动力与用户心理

在传播和用户裂变的工作中，是否分析用户心理所得到的传播和裂变效果也会不同。

图 9-5 所示为两种比较典型的传播方式。在微信群里发一个纯链接让大家帮忙投票的场景并不罕见。但在这种情况下，接收者的反馈往往是消极的，认为这是一种打扰。对于分享者而言这也是一种人情消耗。而 Uber 拉新用户时采用的这种方式则具有一定的利他性，用户传播和裂变的效果往往会高于第一种。

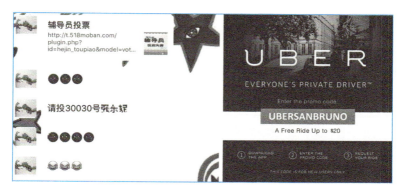

图 9-5 两种不同类型的链接分享

2. 用户使用产品的不同阶段的心理关联

对于用户运营的 4 个工作环节，我分别给出了相应的场景。然而用户心理有十几种不同的表现，到底哪个环节应该关联哪种用户心理呢？

用户使用产品的过程分为 4 个阶段，每个阶段会有不同的表现：好奇 / 被吸引—使用 / 保持兴趣—上瘾—传播 / 失去兴趣。

如图 9-6 所示，在以吸引用户为目标的阶段，我们可以关联用户的猎奇心理、互惠心理和侥幸心理。到了用户使用阶段，为了使用户对产品持续保持兴趣，我们可以关联用户的登门槛效应、锚定效应和从众心理。而沉没成本、惧怕损失和体验追求等心理可以使用户在某一阶段频繁使用产品。而如果用户始终比较认可产品，通过建立用户激励体系，可以促使用户出于炫耀心理、攀比心理和求异心理而传播自己在产品中的成就，这样可以延缓用户失去兴趣的时间。

用户运营在运营产品的各阶段工作中的收益都与其能否恰当运用用户心理学息息相关：用好了事半功倍，用不好得不偿失。

图 9-6　用户使用产品的不同阶段关联的用户心理

9.2 用户心理的落地应用

从用户运营视角来看,用户运营主要分为 4 个职责方向,每个方向都有可以运用的用户心理学。而在落地过程中,可以具体从用户路径来看运用方法。

通过用户路径来划分,用户运营可以从拉新、引导、转化、维护、召回 5 个阶段来分析用户心理并合理利用一些心理效应进行运营工作。

9.2.1 拉新环节用户心理运用

在用户拉新的环节,运营人员的主要目标是让用户知晓产品。在拉新过程中,用户主要有三个知晓产品的场景:渠道投放、达人推荐和裂变推荐。

渠道投放是最传统的拉新渠道投放,有多种方式可以进行投放。前面在拉新环节中我重点列举了市面上常用的拉新渠道,这里不再赘述。渠道的拉新效果是否足够好,除了看投放是否精准外,还要看投放的物料是否足够吸引用户。投放是否精准要看所投放的渠道目标用户群体是否有对此款产品的潜在需求,而物料是否足够吸引人则决定了用户是被吸引进入产品还是直接无视掉了这条渠道信息。

达人推荐是第二种用户知晓产品的场景，且常见于用户量较大或较为垂直的第三方平台。在一些大流量的第三方平台中，一些用户经常通过差异化的等级以及持续输出的优质内容成为某一领域的"达人"。而其他用户会因为平台赋予这些达人的头衔对其输出的内容表现出较强的信任感。在这种场景下，被推荐产品的用户往往觉得这款产品至少有背书，可以试一试。

小红书就是比较典型的通过大量腰部大V向普通用户进行商品推荐的社区。近期流行的时尚、美妆产品经常由大V们主导，而普通用户倾向于跟随。

第三种让用户知晓产品的方式是通过社交链的传播分享，近几年称之为"裂变"。在这种场景下，用户场景变成了"周围的人在使用这款产品"，这意味着有信任的人在为产品背书，因此用户会倾向于"先看看这是什么"。

从曝光层面上讲，这三种场景是越来越小的。成熟渠道的用户曝光量是相对稳定的，因此投放后用户的受众量和转化也有一个相对稳定的数据表现。到了达人推荐的场景，曝光比较垂直，面向的用户主要是达人的粉丝群体。再到裂变场景，用户主要为私域流量圈的好友们。

从用户行为来看，三种场景由于社交链的逐步加深，转化率由低到高。渠道投放的曝光量大，用户群体的偏好差异较大，因此转化量相对曝光量来说较低；达人推荐的受众先有了关注达人的连接，因此对达人产出的内容已经有了预期，在这种场景下知晓达人推荐的产品的转化率往往会高出渠道投放；而通过裂变知晓产品的，由于社交链深入双向好友关系，用户的初步转化率往往是很高的。

这三种拉新方式并没有哪种一定要强于哪种，但三种场景下的用户心理和表现行为往往会有些差异。渠道拉新是项需要综合考量的工作，结合产品周期进行搭配就好。

那么针对拉新这一环节，为了提升拉新效果，在不同场景下我们可以运用哪些用户心理效应呢？

（1）抓住用户的猎奇心理，提升渠道吸引力

前面提到，渠道投放有两个关键点：一个是投放的目标用户是否足够精准，另一个是投放的物料是否能够吸引用户。用户会被吸引，除了产品契合了用户的需求，更常见的原因是用户看见投放物料时触发了猎奇心理。因此在投放时，从物料的文案到设计上，创意、趣味、悬念和稀缺四种因素都是可以使用的运营手段。

举例来说，2018年10月开始霸占朋友圈的软件ZEPETO，虽然走的还是虚拟形象的老路子，但借助手机硬件的升级，其捏脸的逼真程度大幅提升，而丰富的场景和配饰使得此产品趣味性十足。出于好奇和一定的从众心理，用户纷纷下载使用。

而通过文案使用户产生好奇心也是吸引用户的重要手段。类似"掌握这3种方法，你就掌握了财富密码"这样的标题，通过可预期的数字结构以及足够符合大众口味的话题，制造悬念引起了用户好奇，就更容易吸引用户浏览内容。

当然，在写作有悬念的文案时要考虑与用户的相关性，如果与用户的生活相隔较远，很可能会让用户认为是故弄玄虚，最终弄巧成拙。

（2）匹配适合的达人，迎合用户的权威迷恋

在达人推荐的场景下，吸引用户的主要心理效应是权威迷

恋。权威迷恋是一个双向的心理效应，即用户面对权威时倾向于认可和追随，同时内心渴望成为权威而被认可、被追随。这种心理效应可以双向运用。我们在拉新的过程中，一定要突出我们的权威内容与用户之间的连接。因为用户追随的是达人产出的内容，所以要选择与产品契合的达人做推荐，不能盲目依照流量选择达人。

通过短视频软件走红的某知名购物主播就是达人的典型。该主播因为持续输出口红试色系列内容，收获了一群忠实粉丝，使得其火爆平台，从短视频一路到淘宝直播。除了一开始就在直播间关注的粉丝，之后的粉丝主要是通过美妆类试色而了解到他。我们不难发现，美妆类的产品在他的直播间可以获得极好的购买转化，商品链接上线后可以快速售罄，而其他类别的产品则销售速度会明显低许多。在平台内处于头部位置的达人都是如此，因此如果希望通过达人推荐拉新，一定要注意自己产品与达人之间的契合度。

（3）依据从众和互惠心理，玩转用户裂变

在裂变拉新的场景下，用户往往会表现出一种从众心理：身边的人都在用这款产品/谈论这些内容，如果我没有使用或者了解的话，我会被孤立。从心理学上来讲，不只是我们的目标新用户，每个人都会惧怕被孤立。

针对这样的用户场景和用户心理，首先可以通过打造爆款来迎合从众心理。在爆款的信息摘要中，需要包含有多少用户购买、有多少用户评价、有多少用户关注，且都不是小数目。这些摘要给用户的心理暗示就是大众认可这款产品，因此它是值得追随的。裂变的拉新方式也有因为分享的好友背书而对产品认可的

心理，只是和达人推荐不同，裂变是通过分享形式的拉新，因此在运用过程中还需要考虑用户分享时被分享者预期的互惠心理。

2018年年初，一个新型的互动娱乐产品横空出世并立即风靡朋友圈，它就是百万英雄（见图9-7）。这个产品的核心是直播答题，主持人出题，用户答题，答对的题目越多得到的现金奖励就越多，冲到最后的有最高奖励。

图9-7 百万英雄活动页面

这款产品风靡朋友圈的主要原因在于运营规则。当用户答题错误时，产品会提示他向身边的好友推荐，推荐成功能再赢得一次答题的机会。可能你会想，通过这样的方式分享给好友，会不会有什么心理负担？其实分享者的心理负担不会太重，因为产品本身较有趣味性且有非常直白的收益预期——答对题越多越有可能获得现金奖励。另外，产品营造了一个大家都在玩的氛围，被分享者也有可能产生从众心理，进入产品中自己体验一下。

9.2.2 引导环节用户心理运用

到了用户引导环节，用户运营可以根据用户在不同场景下的不同行为分析出其心理，找到对应的运营方法。

用户被吸引到产品后，在不同的场景下会有不同的行为。第一种用户场景，用户第一次使用产品，如果对产品并不熟悉，那么找到产品推荐的热门内容无疑是最便捷的方法。因此用户倾向于根据热门推荐进行交互。

第二种用户场景，用户通过推荐等渠道进入产品，有着明确的目标，通常是为了推广中提到的某一项内容或服务来的。这时的用户行为通常是直接点击交互（假设产品默认页面已有推广产品或服务），或者搜索（假设默认页面并没有推广产品或服务）。

第三种用户场景，用户因为某种需求或渠道推广进入产品，进行了一些交互，甚至用户路径已经走到服务等环节，然而却没有进行下一步操作就离开了。

（1）爆款——用户的从众心理

对于第一种用户场景，为了引导用户活跃，运营需要突出展现产品内的爆款，将主打产品的详情、摘要、用户预期收益等信息凸显出来，吸引用户持续交互，因为爆款本身对应着用户的从众心理，大部分用户认可的产品有其引导用户的正面意义。

以最常见的电商产品为例，各个商品类别都有自己的榜单，而在用户不了解某一类商品时，榜单排名、多少用户购买过以及好的上榜理由都是用户最终购买一款商品的关键。当用户场景是不确定的泛需求时，爆款商品的存在则更有必要，因为爆款是绝大部分用户选择的商品，商品本身有了大量用户的质量背书，会节省用户的决策时间，促进成交。

（2）权威与产品的强关联

第二种用户场景是通过达人推荐进入产品，这一场景下关键用户心理在于权威信任——权威用自身的社会认同为商品背书，使用户对商品也有了信任感。这一点体现在用户进入产品后会直接寻找达人推荐的特定产品/服务。因此运营应该注意，如果使用了达人推荐这一渠道拉动新用户，一定要有充分的引导让用户了解到哪些是与达人有关的产品。

比如购物主播直播间推荐的产品，首先直播时会给出进入达人推荐产品页面的链接，其次如果用户不小心退出直播间，其店铺主页也会在明显的位置告诉用户达人正在推荐的是哪款产品。

有些产品和运营人员在推广过程中并没有关联到用户心理，比如运营人员找到达人进行推广，然而用户收到推广信息进入产品，却找不到被推荐的内容或服务，在粗略浏览后没有找到希望看到的内容或服务就流失了。这类用户进入产品是带着需求来的，最终却以流失收场，究其原因，主要是没有抓住用户心理，没有在用户进入产品的路径中提供前后一致的体验，没有突出的权威内容。出现这样的结果实在可惜。

（3）让体验更优——满足用户的懒惰和贪婪心理

第三种用户场景切中的是用户的懒惰和贪婪心理。前面提到，随着互联网的不断发展，用户从最开始的追求信息到追求体验。对于新手来说，体验中很重要的一项就是操作性，操作越简单越好，反馈越及时越好。

以小说产品举例。用户进入小说产品中，无论是通过哪种途径进来的，需求都是一致的——看小说。在版权保护越来越到位的今天，大部分小说需要付费观看。有些用户没有付费习惯，但运营人员不想放弃任何一个有激活和转化潜力的用户，因此会针对新人用户设计一系列新手任务。新手任务的关键点，一个是上手简单，另一个是有明确的反馈预期。图 9-8 所示的这款小说软件就将新手任务与书券强关联，满足用户免费看的需求。

图 9-8　小说软件书券的获得

假设用户希望看一本付费小说，小说的前 50 章需要付 80 书券，而新手任务中搜索小说、阅读一定时间等就可以获得相应的书券，让用户快速了解自己需要完成的任务与阅读需求之间的关系，这样的引导就有足够的吸引力让用户进入下一个交互。

9.2.3　转化环节用户心理运用

用户被拉新、被引导后激活，如何更好地转化是用户运营关注的第三步，也是核心步骤。这时可以根据不同场景将不同用户行为背后的用户心理进行关联运用。

我们可以将用户分为三个层次：浅层用户、中度用户及深度用户。

浅层用户对应的用户场景是用户停留在产品中开始进行页面级别的浏览。这种用户行为常常是无目的性的、随机的浏览行为。如同女孩逛商场，并不是以买东西为目的，只是希望打发时间，顺便看看有什么新产品，她或许会被转化为消费的顾客，或许不会。

中度用户对应的用户场景为用户不仅浏览了产品，还进行了进一步的交互。这种交互行为既可以是内容类产品中的点赞、评论等信息类交互，也可以是关注、搜索等单向交互。这就好比女孩被某品牌的某件商品所吸引，进入店铺中询问详细信息（如价钱等），甚至试试商品的使用效果等。这类用户不应该被忽略，因为他们是有很大可能性被转化为深度用户的。

深度用户往往是达到核心交互环节并完成过交互行为的用户。当然，不同类型的产品对深度用户的定义是不同的。例如：

对于以内容浏览和交互为核心交互的社区类产品，主动分享内容并在此基础上交互的用户就是深度用户；对于电商等以付费为核心交互环节的产品，深度用户指的是进入支付环节并完成支付的用户。

（1）锚定效应——转化浅层用户

对于浅层用户，我们对其进一步转化时，可以运用用户心理中的锚定效应，为其设置参照物，吸引他们达成我们希望其完成的交互。

用户停留在浅层的原因主要是没有明确的目的，因此我们需要为用户设定一个预期目标，吸引用户。《怪诞行为学》中对于锚定效应给出过一个特别经典的例子，这个例子在生活中也十分常见。如果你在浏览一个网站，网站内容的作者在售卖一本书，实体书的售价为100美元，电子书的售价39美元，但实体书与电子书的套装售价仍旧为100美元，可以试想一下哪款商品的成交量更高。

将自己代入这个购买场景，你会不自觉地比较几款商品的性价比，即使39美元的电子书就可以满足阅读需求，但还是会选择100美元的套装版本。锚定效应就是这样，通过给没有目标的用户设定并暗示一个目标作为参照，使用户从无目的地浏览变为主动关注商品，并以此为目标进行比对，从而提升用户转化效果。

锚定效应在生活中的例子也不少见。例如咖啡店里的瓶装饮料、瓶装矿泉水，虽然销量并不会有多可观，但却给店内的主打产品——咖啡提供了参照：如果一瓶矿泉水要卖16元，瓶装饮料要卖20元，那么20元一杯的咖啡就不显得贵了，即便它们的商品属性都是饮品。

在互联网产品中，会员的销售也经常会使用这种锚定效应。比如图9-9中这款产品的会员页面，在常规的月卡和季卡会员中增加一个联名卡，以更优惠的打包价格提供两个产品的权益。用户在被预设了一个价格（月卡和季卡会员价）之后，会依据此价格进行会员价值评估，当他看到低于标准价格的商品时，就更有可能购买。

（2）登门槛效应——进一步对用户转化

对于中度用户，想要提升其转化可以考虑运用登门槛效应。运用登门槛效应的方法是让用户先完成一个小交互并及时向其提供反馈，然后设计几个步骤逐步引导用户进一步转化。游戏里的1块钱获得××装备的活动就属于比较典型的登门槛效应。一个用户只要在产品内完成了付费行为，无论金额多少，他再次完成付费行为的概率就会高于从未付款的用户。

如图9-10所示，某外卖软件中的这家店铺会通过0.9元的菜品吸引用户。用户可能之前从未在该外卖软件中购买过菜品，但假设他在浏览过程中看到了这个活动推荐，又正好需要其中的某款菜品，则他很大可能会被特价菜品吸引而完成购买，并且下次有更大的可能性通过订单路径进行复购。

（3）拆屋效应让深度用户继续转化

对于已经在用户路径中的深度用户，可以利用其"贪婪"心理，运用拆屋效应。拆屋效应的运用方式是先设置一个用户较难接收的条件，给用户一个心理预期，然后再给出一个用户可接受的条件，让用户进行适当的心理调整。拆屋效应与锚定效应看上去有相似点，但其实并不相同。锚定效应的运用方式主要是设立参照物，通过参照物给用户设立一个之前并不存在的目标；而拆屋效应并没有参照物，只是将用户本来很大可能性无法接受的条件拿掉，换成用户预期可接受的条件。

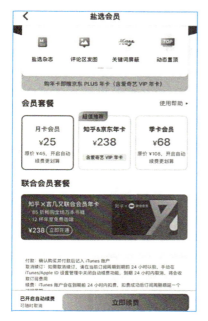

图 9-9　知乎盐选会员续费页面

图 9-10　某外卖软件商家页面

　　商品的定价与活动价格策略往往会同时运用好几种用户心理效应。比如图 9-11 中这款商品的原价为 3999 元，经过对比相似产品，这个价格是许多用户难以接受的。而商家利用拆屋效应，直接将价格降至接近原价的一半，让用户认为自己可以以大约一半的价钱来购买。

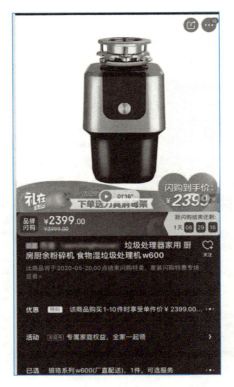

图 9-11 某商品页面的多重价格标签

9.2.4 维护环节用户心理运用

用户被激活、转化是用户运营成功的第一步,而用户被转化后的维护是用户运营的另一个重要的环节。在这个环节用户在不同场景下会有不同的行为,这些行为背后也有可以运用的心理效应。

第一种场景是普通的被转化用户。我们可以将这些用户视为对产品有一定程度的认可但还没有什么依赖的用户。需要用户运营想办法维护的用户，对产品已经相对熟悉，不再是需要吸引、激活的新手用户了。

第二种场景是高频用户。这类用户认为产品具有一定的不可替代性，会有高频访问行为，且会追求在产品内的成长。

第三种场景是沉默用户，也是用户运营希望延缓趋势的那些用户。这部分用户在沉默之前可能是活跃用户，但由于某种原因而不再使用产品。这种情况下用户还没有完全流失往往是在考虑沉没成本，即是否在产品内花费了较多的精力或较大的付费成本。

（1）利用攀比心理提升用户黏性

第一类场景下的用户表现为不定期地使用产品，但用户对产品的黏性还不够强。我们可以运用用户之间的攀比心理。攀比是一种普遍的心理现象，如果用户已经在产品内较为熟悉，那么强化用户行为与用户排名、用户成长的关系对于用户就具有一定的激励作用。而成长体系本身就是增强用户黏性的方法，因此可以通过行为反馈将用户成长值反馈给用户，鼓励用户参与到整个成长体系中。

游戏中对排名和成长的强化就很明显，而"在服务区内攀升的排名"也是促使游戏用户一直访问游戏的秘诀。游戏在设置任务时会计算用户需要花费多长时间才能达到一定的经验值水平，因此突出排名靠前的用户展示和任务奖励会让中部用户产生攀比心理，并因此持续完成任务，冲击排名的头部。

而排名本身就是一种可以快速定位用户圈子的方式。比如《王者荣耀》在匹配队友的时候，青铜级别和王者级别的用户就不会被匹配到一起。而级别越高的用户在团队中得到的认可也越高，用户为了得到这种认可会倾向于在游戏中保持活跃。如图 9-12 所示，细分等级使得用户需要持续使用和投入才能在这款游戏中获得成就感。

继承前段位	起始星级数	结束星级数	S9 赛季继承段位	S8 赛季继承段位
倔强青铜Ⅲ			倔强青铜Ⅲ	倔强青铜Ⅲ
倔强青铜Ⅱ			倔强青铜Ⅱ	倔强青铜Ⅱ
倔强青铜Ⅰ			倔强青铜Ⅰ	倔强青铜Ⅰ
秩序白银Ⅲ			秩序白银Ⅲ	秩序白银Ⅲ
秩序白银Ⅱ			秩序白银Ⅱ	秩序白银Ⅱ
秩序白银Ⅰ			秩序白银Ⅰ	秩序白银Ⅰ
荣耀黄金Ⅳ			荣耀黄金Ⅳ	荣耀黄金Ⅳ
荣耀黄金Ⅲ			荣耀黄金Ⅳ	荣耀黄金Ⅳ
荣耀黄金Ⅱ			荣耀黄金Ⅲ	荣耀黄金Ⅲ
荣耀黄金Ⅰ			荣耀黄金Ⅱ	荣耀黄金Ⅱ
尊贵铂金Ⅳ			荣耀黄金Ⅰ	荣耀黄金Ⅰ
尊贵铂金Ⅲ			尊贵铂金Ⅳ	尊贵铂金Ⅳ
尊贵铂金Ⅱ			尊贵铂金Ⅳ	尊贵铂金Ⅳ
尊贵铂金Ⅰ			尊贵铂金Ⅲ	尊贵铂金Ⅲ
永恒钻石Ⅴ			尊贵铂金Ⅱ	尊贵铂金Ⅱ
永恒钻石Ⅳ			尊贵铂金Ⅱ	尊贵铂金Ⅰ
永恒钻石Ⅲ			尊贵铂金Ⅰ	永恒钻石Ⅴ
永恒钻石Ⅱ			尊贵铂金Ⅰ	永恒钻石Ⅳ
永恒钻石Ⅰ			永恒钻石Ⅴ	永恒钻石Ⅲ
至尊星耀Ⅴ			永恒钻石Ⅴ	
至尊星耀Ⅳ			永恒钻石Ⅳ	
至尊星耀Ⅲ			永恒钻石Ⅳ	
至尊星耀Ⅱ			永恒钻石Ⅲ	
至尊星耀Ⅰ			永恒钻石Ⅲ	
最强王者	0	10	永恒钻石Ⅱ	永恒钻石Ⅱ
最强王者	11	20	永恒钻石Ⅰ	永恒钻石Ⅰ
最强王者	21	50	至尊星耀Ⅴ	至尊星耀Ⅴ
最强王者	51	100	至尊星耀Ⅳ	至尊星耀Ⅳ
最强王者	101	150	至尊星耀Ⅲ	至尊星耀Ⅲ
最强王者	151	9 999	至尊星耀Ⅲ	至尊星耀Ⅲ

图 9-12 《王者荣耀》游戏的等级明细

（2）求异心理——为高频用户持续创造差异成就感

第二类用户已经属于高频用户了，用户黏性高，对于这类用户，我们最担心的是他们对产品失去兴趣，继而流失。因此在通用的规则体系之下，用户运营可以利用此层级用户的求异心理——在一款产品中付出了许多精力，是否能显示出自己与普通用户的不同。用户运营可以为此类用户设置更高级别的任务，并为这些任务设置不同的属性来打动他们。

比如微博、知乎、豆瓣等社区类产品，用户属性都会随着其活跃时长的增长而变得不同。甚至新用户在打开产品时会被默认推送一些特别活跃的用户，这些用户在产品内的小生态圈子里被认可并被运营人员推到了一定的高度，这种认可满足了他们追求与众不同的心理，这种心理是积极正面的，会让用户在产品里持续贡献内容。

QQ系的许多增值类产品都是利用用户的求异心理来拉动增值服务用户增长的。比如QQ黄钻对应的QQ空间（见图9-13）会搭配各种不同的皮肤、主题等个性化组件来满足用户的求异心理。

（3）炫耀心理使得成熟用户延缓流失

第三类场景下用户由于各种原因逐渐对产品失去兴趣，有流失趋势。这种场景下，用户运营可以给用户一个可以炫耀和展示的空间，更重要的是尽快为用户设置一个新的成长目标。还是以游戏类用户举例，当游戏类用户已经达到一定级别，甚至已经把级别练满，那么他很有可能就不会再来了，因为这个游戏已经不能给他带来新的刺激和成就感了。

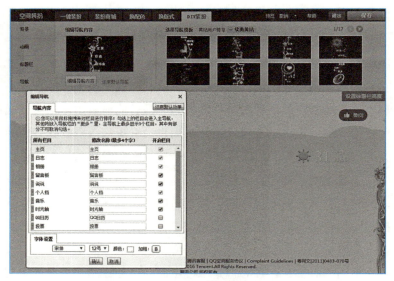

图 9-13　QQ 黄钻会员特权

我曾经迷恋过一款消除类游戏，因此在上面花费了大量的时间，目标就是通关。而在第一次通关之后，由于官方还没有更新新的关卡，就减少了游戏的打开次数，因为没有对于未知关卡的期待和挑战，难以获得游戏里成就达成的满足感。不过官方更新较快，一周左右会有一次更新，而且还有其他的即时排行榜比分数的游戏方式，因此到关卡更新之前为了保持排名我也没有卸载这款游戏，还保持着一定程度的活跃。

这就利用了用户的炫耀心理。如果不是为了占排行榜的名次，我会流失得更快。

9.2.5　召回环节用户心理运用

虽然用户运营非常不希望面对用户流失的状况，但是根据用户正常的生命周期,用户流失是不可避免的。而同样是流失,不同场景下用户流失的内在因素是不同的,后续召回时运用的用户心理也会有所差异。

用户流失通常会有三种场景:第一种是出现了更加吸引用户的替代产品;第二种是用户在产品内的好友流失,社交链断裂;第三种是用户在产品内目标已经达成,没有新的目标。

很显然,这三种场景下的用户心理是完全不同的。在本章开始的时候,我提了个问题:为什么我们总会被情怀所打动?情怀会让你产生共鸣,有参与感和体验感,被情怀打动的用户其实追求的是一种体验。如果可以赋予用户体验,加强情感上的连接,那么当用户因为受到竞品的吸引而流失时,运营可以想办法通过情怀打动用户,让用户产生情感连接从而召回用户。

(1)唤醒情感连接,激发用户回归

用户对于某一长期活跃的产品一定是有情感连接的,如果在产品中曾经成长过,情感连接会更加深刻。很多男性用户到现在还会玩一些运营了很久甚至不再运营的游戏,这就是为什么有些游戏会出现私服(私服并不安全)。《传奇世界》就属于这样一款游戏。这类游戏从游戏的娱乐性、从画面到特效来讲,与新推出的游戏已经不在一个水平,但是用户因为在这类游戏里产生了许多情感连接,会有游戏本身趣味性以外的情怀。在这种心理的作用下,如果游戏进行情感共鸣式的宣传,对这类用户的召回是有一定效果的。

如图 9-14 所示,首汽约车预测用户在特殊天气下的焦急等待会带来不佳的体验,因此及时通过短信以贴心及优惠的双重方

式避免用户流失到其他出行平台。

（2）强调社交链来唤回用户

第二种场景是用户因为社交链的逐渐减少而流失。这种情况下，需要强化还留存在社交链里的用户，对沉默用户进行唤回。

例如，图9-15中脉脉的短信推送强化了社交链里好友与用户之间的动态，吸引用户回到产品中查看消息。

图9-14 首汽约车的用户唤醒短信

图9-15 脉脉用户唤醒短信

（3）提示沉没成本，唤回用户

第三个场景下，需要让用户意识到离开产品的沉没成本：已经花费了如此多的时间和精力，哪有功成名就离开的道理。同时，在产品上增设目标，设立一个新的目标机制，强调已经付出的精力和达成的成就。

阶段性报告就是一个强化成就的方式。比如支付宝的年终账单、网易云音乐的年底报告、记账软件的年终统计,都是阶段性报告的产出形式。报告中都会强调你在这个产品里所付出的时间、精力、交互等,并强调你的付出所达成的成就,以加强你与产品之间的连接。

花了多少钱,赚了多少钱,可以让用户有一种炫耀式的分享心理。听了多少音乐,这类音乐在体验层的概念,所代表的标签,都可以让用户有与众不同的感受。设定的目标可以无限接近,但不能过于容易达成,提供阶段性的反馈,但登顶需要长时间积累,这是对于用户来讲最有激励感的成长体系。

9.3 用户传播的心理动力

在用户运营工作中,效果最好的传播是由运营发起一轮传播,让用户自发进行二次传播。二次传播的好处就在于覆盖的影响面是辐射状的,且由于是用户自发的,成本可控。无论是早期的病毒视频还是热搜话题,本质都是希望通过运营发酵并酿造现象级话题,以扩大品牌影响力。

在这样的需求下,我们可以结合用户心理学着重分析为什么用户会自发传播。9.1.2 节列举的 13 个用户心理效应中,与传播动力强相关的,我认为是图 9-16 所示的三种:从众心理、炫耀心理和求异心理。

(1) 从众心理

社交属性是一个写在人类基因里的需求所带来的属性,人类需要社交，需要认为自己属于某一个圈子才有安全感。因此可以将从众心理视为用户传播的第一个心理动力。从众，所以要跟大多数人做一样的事。

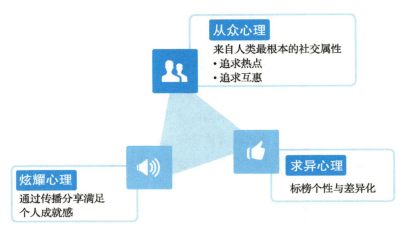

图9-16 用户传播的心理动力

拥有从众心理的用户会追求热点，因为很多现象级传播的内容都跟热点相关，它会造成用户自发传播。传播的过程也是交换用户自己对于同一件事情不同观点的过程。

比如有一个很成功的新媒体运营账号：杜蕾斯。这个账号就经常追热点，结合自己的产品发一些与热点贴近的内容，用户既觉得内容有趣，又觉得它与热点相关，因此这个账号的用户自主传播案例很多。传播中的争议并不针对产品本身，而是直接让用户联想到这个品牌。通过不断的追求热点，这个账号带来了品牌影响力的提升。

在从众心理的基础上，用户还会根据不同的现象级传播产品关注其是不是互惠传播。朋友圈点赞也好，关注文章拉动投票也好，这种单向的传播有节点，其传播不成功的主要原因是传播内容只有发起者是受益者，参与者没有什么收益。参与者就算迫于人情去帮助发起者完成这样一个任务，也没有继续传播下去的动力。一次传播，发起者与接收者是否都能从中有所收获，这会带来不同的传播效果。双方都能从中得到收获的传播内容才会引起用户的自发传播。

在利用互惠心理这一点上，拼多多就很典型。拼多多在早期，通过互惠带来的用户传播也给其初始用户积累和品牌影响力带来了可观的增益。它先通过小圈子进行互惠发放，再逐渐扩大到更大的用户群体，带来新增用户和品牌影响的双重增益。

（2）炫耀心理

有的传播本身就能给用户带来满足感，这类传播分享即使内容不同，但本质都是以炫耀心理作为传播的原动力。例如许多人喜欢在朋友圈打卡，同步阅读、学英语等的累积天数，这种行为的本质是希望传达出一种积极向上的心态，打造一种人设。这类内容得到自主传播是因为用户希望自己传播的内容既可以满足自己的成就感，又可以得到他人认可。因此产品在设计分享环节时一定要营造一个适合用户炫耀的场景，让用户通过分享得到心理满足。

（3）求异心理

经常会有些现象级产品风靡朋友圈，比如脸萌。这类产品的核心是每个用户都可以在大体风格一致的产品中拥有专属于自己的不同形象。这样既切中了用户的从众心理（大家都在玩），也切中了用户的求异心理（我和他们不一样）。

这三种心理效应可以运用在众多用户传播的场景中。

9.3.1 从众心理案例分析

1. 网红打卡地

网红店为什么会火爆？我们在现实生活中会看到这样一种景象：越难排队，越多人去排。这是因为在顾客的心理暗示中，排队的人多意味着产品的质量好/口感好/性价比高，总之是得到大众认可的产品。网红奶茶店的设计运用了用户的这种心理，店面布局上都会倾向于营造一种许多人排队的效应，并找到大V去店铺打卡，通过大众和达人双重背书推荐，叠加从众心理和权威效应吸引更多用户。

许多打卡类的效应是运用了从众心理。旅游景点类产品会推荐美景打卡圣地，甚至还会运用用户的求异心理运营一些小众的打卡经典。实际上推荐文章的阅读量可能有十几万了，如果用户都想要去打卡，这个经典也就说不上小众了。尽管如此，这些扑面而来的信息已经不知不觉影响到了用户心理，让用户去追随。

马蜂窝曾做过一个线下活动，1小时打卡12面网红墙，我也曾经参与了这个限时活动。尽管我当天去得很早，但还是有很多人在排队。排队一个多小时，但实际进到活动场地半小时就都逛完、拍完了。很难说排队一个多小时就拍几张照片这件事情到底有多大的价值，但大家就是都争着去拍。因为这个活动本身贩卖的是一种体验，而不是具体的某个产品，而体验是没办法像具体产品一样衡量其价值的。

值得不值得本身无法衡量，但可以确认的一点是，用户追求的是能在一定时间内达成别人未能达成的事情，单凭这一点就可以让用户有足够的动力在活动中拍照并自主传播。一方面是从众，另一方面是炫耀。

2. 现象级传播

回想一下，互联网上有过哪些现象级的传播内容。

图 9-17 中的点名游戏是否眼熟？在 QQ 空间火爆的时候，好友之间以及没那么熟悉的朋友之间经常会进行点名游戏。游戏十分简单，复制一段文字，内容主要是一些与发起者或传播者相关的问题，点到哪位好友，哪位好友就需要将对问题的回答更新到最新的一篇 QQ 空间文章里。这个游戏之所以能传播开，是因为社交链会让用户有一种从众心理：最近流行这类游戏，我就接着玩下去吧。

```
01. 我的大名：              09. 跟谁出去最幸福：
02. 小名：                  10. 如果你的两个好友吵架了：
03. 是谁传给你的：          11. 跟喜欢的人最想去哪儿：
04. 生日最想得到的礼物：    12. 新年想收到什么礼物：
05. 近期压力大的事：        13. 有没有赖床的习惯：
06. 未来想做的事：          14. 有几个兄弟姐妹：
07. 有没有喜欢的人：        15. 喜欢的一首歌：
08. 聚会想干什么：
```

图 9-17 点名游戏

这个游戏看上去似乎有点无聊，刚开始我想不到它的意义。

参与者本来就是好友，彼此应该已经很了解了，这些内容给谁看呢？然而从运营角度讲，通过这样一个运营方式，可以让用户快速了解QQ空间的社交功能和内容发布模块的使用方法。当我后来开始从事运营工作的时候，再反过来思考这个传播广泛的小游戏，我意识到这其实是很聪明的低成本传播方式。通过社交内容让用户自主传播，真的非常妙。

春晚红包大战的时候，微信没有花一分钱就让全国一两亿用户开通了支付功能，这也是一场现象级传播。让这么大体量的用户绑定支付，这是支付宝花了多少年教育用户才实现的，而微信通过一次红包大战就完成了。微信红包的逻辑是，好友A发给好友B红包，好友B领取，而群红包则是一人发放多人去抢。抢到红包的用户愿意主动传播自己收到红包这件事，这让更多的人知道了这个活动并参与其中。通过二次传播，微信甚至还没怎么推广这个功能就已经在用户之间传遍了。

这就是抓住了用户炫耀心理和从众心理的传播动力。发红包的人炫耀一下，我今天当了金主，发出了多少钱；收到红包的人炫耀一下，我的运气特别好，收到了多少红包。路人诱发了从众心理：大家都在玩这个游戏，这是什么？我花个两分钱也玩一下。

3. 流量明星的运作奥秘

我运营了很长一段时间的娱乐产品，研究了一个特殊的群体：粉丝群体。有趣的是，我发现采用粉丝圈这种运营方式，想将哪个明星捧成流量明星都有可能。

2018年有两个特别火的选秀节目：《偶像练习生》和《创造

101》。这类节目火爆的一个关键原因是背后有数个粉丝群体在自发运营。

那么粉丝群体疯狂传播和转化用户的动力是什么？如《创造101》的宣传语"中国首档女团青春成长节目"所示，强调青春，强调成长。

（1）体验营造

从选秀节目本身来讲，它给普通观众带来的是一种体验。对于节目的主要目标用户群体——青少年来讲，像练习生一样通过努力成为偶像，是在向他们贩卖一个体验、一个梦想。

通过包装，向观众呈现不同类型的高颜值、有才艺的同龄人，给观众真实感和代入感，甚至直接互动的参与感（比如让观众投票决定谁能复活等）。这些由观看过程中的互动引导带来的参与感，激发了用户的同理心，引起用户自发对应节目里自己偏好的练习生，自主传播。

（2）情感共鸣

在节目中选手因为各种原因伤心、哭泣，为了追求一个好名次而努力，用户在观看的过程中与选手产生了情感共鸣，希望帮助他们达成梦想。哪怕实际上参赛选手的家庭条件高于一般家庭，粉丝们也会营造出"家庭条件已经很好了，还这么努力，一定要帮他们达成梦想"的氛围来吸引更多用户加入粉丝群体。

（3）粉丝运营

首先，粉丝需要参与感。

粉丝会因对艺人喜爱程度的不同而有不同的表现，有不同的参与度。

在众多粉丝角色中有一种比较特殊的角色，做粉丝运营的人会称之为"粉头"，指的是众多粉丝的组织者。粉头的参与感与普通粉丝不同，普通粉丝的参与感指的是参与到明星传递给粉丝们的情感连接与视觉展现，而粉头的参与感是成就明星以及营造整个粉丝群体的氛围——"造星"的过程。

再深入地看，这种参与感需求形成的进一步原因是**粉丝在参与其中产生的自我成就感**。你或许会感到疑惑，明星的粉丝为什么会有自我成就感？

从粉头的角度来讲，为了同一个喜好组织起来一群人，安排他们完成不同的操作来为同一个目标努力（让喜爱的明星变得更火），在目标的一步步达成中产生自我成就感。

节目组贩卖给观众的是梦想，这种梦想贩卖给粉丝的是一种共生共长的关系。对于粉丝来讲，最重要的价值不是自己成为什么样的人，而是他所支持的偶像能成为什么样的人。粉丝做一件事情是为了成就他人而不是自己，他们会认为自己到达了一定的精神高度，这种体验类似于信仰，可以让粉丝之间也获取认同。

如果说粉丝把偶像当成信仰是粉丝运营的最高境界，那么这个过程中就需要通过各种不同的宣传抢占普通观众心智。一个成熟的粉丝组织里，拉新、促活、传播，一样都不少。

粉丝运营制作文案和物料，包括前方站点拍摄的最新动态、跟拍图片，并且把图片修到非常完美，达成让更多人认识这位偶像的目的。而数据组的粉丝专门负责制造热搜，给广大非粉丝用户营造一种他的偶像非常受欢迎的印象，通过这种方式抢占普通用户的心智，无论普通用户实际上知不知道这个偶像是谁，有什么作品。

通过抢占普通用户心智，营造出偶像十分受欢迎的氛围之后，会给偶像带来更多曝光的资源和机会、更高的商业价值。对于粉丝来讲，这是由自己带来的，这种成就会让他们更为狂热。

而偶像有很多，每个类似人设的偶像都是竞争对手。当偶像们之间的竞争产生排名时，粉丝们的攀比心理就会非常强烈。一旦粉丝认为排名会给偶像带来更好的资源，那么粉丝之间会更加努力地去为偶像奔走，制作可二次传播的物料并争相分享，以使更多人为自己偶像的排名贡献一份力量。

9.3.2 炫耀心理的不同层次

1. 稀缺动力

我们想一想，一个女生在什么情况下会想要晒自己买的东西，不管是名牌包包、口红还是香水？一个男生会在什么情况下会想要晒一下自己的球鞋？

除了有特殊意义的物品，有两个因素会让人们更愿意分享：价值高、稀缺。

物品价值可以意味着自身身份的关联，而限量款则意味着只有少数人可以得到。稀缺造成了价值的翻倍，也加深了分享者的优越感。如图9-18所示为曾经带来购买狂热的限定款球鞋。

小米起初并没有刻意走饥饿营销的路线，然而一款话题热度很高的手机，发布后却买不到，这就造成了一种稀缺现象，导致拥有这款产品象征着与众不同和优越。高热度加上稀缺性提升了品牌的影响力。

图 9-18　限定款的球鞋

稀缺产品带来的优越感，拥有高人气的明星也会被这种心理影响。苹果手机正式上线之前，就有些明星在微博上晒出使用体验，这就是求异心理加上炫耀心理的加持，使得明星也甘愿为稀缺产品进行自主传播。

2. 超预期带来的传播

当一个熟悉的产品或活动出现超用户预期的反馈时，用户也倾向于进行自主传播。

例如用百度搜索黑洞，正常会出现与黑洞相关的结果列表，但当页面呈现出黑洞吞噬页面的特效（见图 9-19）时，用户会感到惊喜而进行自主传播。

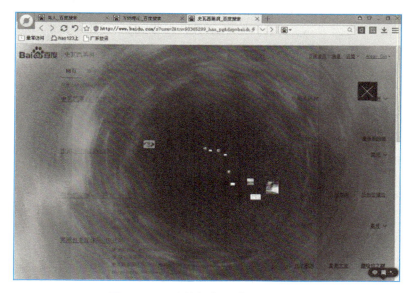

图 9-19 百度搜索"黑洞"出现的特效

许多有固定用户认知的产品也做过类似的彩蛋活动。如果你的产品也有较为稳定的形象和用户预期,那么在关键节点加入一些惊喜和超预期的运营,会让用户因为这多出来的一点不同而自主传播。

推荐阅读